13

Juan Miguel Peña Vázquez

Chupito de Elixir

Chupito de Elixir
Juan miguel Peña Vázquez

© *Juan Miguel Peña Vázquez, 2020*

Instagram: @juan_miguel_pv

Correo Electrónico: jmpv19899@gmail.com

Thir
teen
Fusión de palabras

Diseño de la cubierta: Lorena Coronado Yélamo
Fotografía de la portada: Lorena Coronado Yélamo

*Instagram: @_lorenacoronado_*

Correo Electrónico: lorenadesigns2013@gmail.com

Primera edición: Abril, 2020

ISBN: 9798633754162

*Observo la luna, atentamente. Me guiña un ojo, me sonríe,
pareciera ligar conmigo, me sonrojo.*

*La escucho. Son muchos los secretos ocultos. La vida es la viva
imagen que ofrece la luna en cuarto creciente, es decir,
una sonrisa.*

*Observo la vida pasar, y me abrumo. Epidemias, malos gestos,
maltratos, calles sin salida, prostitución, avaricia...
Mejor no salgo, me quedaré en casa, tengo planes ocultos:
ver una peli, escribir, leer, jugar a la consola, mascotas,
redes sociales...*

*Me asomo al porche. El frío me invita a bailar, pero no bebo
mientras bailo. Prendo un cigarrillo y el humo me camufla del
medio. Escucho cómo aporrean la puerta, pero no me digno en
saber quién es. Es demasiado tarde, son las tres de la mañana en
mi corazón. Pienso en quiénes aprovechan un ratito de sus vidas
en leerme, y lo agradezco profundamente de corazón.*

*Veo a la luna tan cerca en el reflejo del cristal que, aun estando
lejos, la siento aquí mismo. Su brillo es inconfundible, y si está
llena, más lleno estaré yo, es algo recíproco.*

*Algo complejo: agrupar todos los escritos, imprimirlos, escoger
varios de ellos, darles un orden, corregirlos, plasmarlos en el
Word a medida, darle forma al libro y subirlo a la plataforma
para que lleguen a sus hogares o a sus tablets,
¿suena apasionante, verdad? Lo es.*

*Sean bienvenidos a **Chupito de Elixir**. Brindemos.*

Quisiera agradecer a todas esas personas que leyeron mi anterior libro, Un trece de abril. Para aquellos que se inician con Chupito de Elixir, también. Vuestra fidelidad y vuestro tiempo es oro, y como tal, es digno de agradecimiento.

También agradecer a todos aquellos que siempre estuvieron a mi lado, apoyándome. A mi familia, a mis pequeñines: Lura, Nika y Eddy, a mi hermano Pablo por ese viaje tan maravilloso a Inglaterra y por hospedarme en su casa unos días, y cómo no al portátil, que soporta toda mi ira a través de las teclas...

También a mi gran amiga Eva, sin sus consejos, todo hubiera sido mucho más difícil. A Lorena, por su maravilloso trabajo en la portada, son ya muchos años de amistad.

*A mi tierra, **Andalucía**, Sevilla, por ofrecerme tantos días de sol y alegría...*
Me siento un privilegiado por haber nacido en esta tierra tan maravillosa...

Paz y amor

*Y cayó la noche… pero **Sevilla** tiene luz propia,*
*y una **luna** enamorada.*

Que empiece el partido

Lancé la moneda al aire,
deseaba empezar la primera parte chutando a favor de los
hooligans.
La moneda cayó de canto,
y de tanto cantar enmudeció la garganta,
parecía penalti,
pero sólo había fuera de juego en tu corazón.

La grada coreaba mi nombre,
entre cervezas y perritos no tan calientes como nuestra primera
cita.

El entrenador preparaba dos cambios,
quería reforzar el centro del campo,
y yo sólo quería meter más delanteros a tu área,
rematar de cabeza,
y quitarme la camiseta para celebrarlo "a lo Forlán".

Hacía siempre de árbitro para perdonarte la roja,
querías ganar la copa, yo sólo pensaba en bebérmela.

Termina la primera parte.
Jugadores al túnel de vestuario,
excepto yo, de camino al "VAR" más próximo.

Te gustaban sudados, alterados,
derrochando aguas entre sus barbas,
sedientos de gol, con ganas de revancha...

Siempre seduciendo al míster para que te pusiera de titular.
Lógico, todos sus chuts acababan dentro de tu red... los míos iban
directos al poste...

Mi amor por ti se va desvaneciendo en cada falta que me haces al borde del área... agoté ya los tres cambios contigo, pelotuda.

Llegué a jugar siempre de suplente en tu equipo, hasta que resulté ser un revulsivo. Primera pelota que toco, primer gol. Soy el "Messias".

Me querías sólo para la tanda de penaltis. Por fallar uno, me pusiste en venta. Ahora me quiere media Liga, y no sé ligar.

Se acaba el partido. Nos intercambiamos las camisetas, y cada uno para su autobús.

No nos metimos en Champions, pero a decir verdad, casi que lo prefiero, quiero ganar la sexta Europa League en el Ramón Sánchez Pizjuán.

Con el dorsal número 13 siempre a la espalda, escribiendo para mí, escribiendo para vosotros.

Amor al cuadrado

Amor^2,
ese inexistente que vaga sin rumbo,
como aquel plato sin comida,
como aquellos planes tardíos,
como la belleza de una muchacha sin maquillar...

Seremos aves de pocos vientos,
vientos sin tardes de invierno,
invierno de abundante leña,
leña mojada y de poca luz,
luz hacia tu cuerpo,
cuerpo desalado,
desalado en las sales de tus manos,
manos para acogerte,
acogerte entre arterias que van directas al corazón,
corazón que se ahoga entre los mares,
mares que claudican entre tus piernas,
piernas que se encuentran en un eterno vals,
vals que exige una saeta de amor,
Amor^2.

Amor al cubo

Amor³,
ese gran desconocido que viene y va,
va y viene.

Probablemente se entretenga por los caminos,
dejará heridas incurables sobre la mesa,
y una cuenta a deber.

Quién sabe dónde acabará,
quién sabe dónde acabaremos,
si ni siquiera dejamos huellas,
y las ropas no dejaron rastro alguno...

Amor³,
esa bella esfinge que da sombra y cobijo a los más desfavorecidos,
pero lo mismo deja a un pudiente tiritando que deja a un pobre
diablo sonriendo en una vertiente.

Amor³,
apiádate de mí,
ahora que soy un simple gato sin plumas,
un simple cordero perdido por el monte,
un malherido lobo pendiente de su amada que marcha con otro
lobo al Cáucaso de la infidelidad.

Amor³,
cuatro letras,
cuatro motivos más por los que esperarte,
aunque no salga el sol mañana,
aunque la noche bañe mis zapatillas en charcos,
la luz llegará volcando por carreteras de fidelidad.

Amor[3],
quédate en este viejo sofá,
aduéñate del salón, si quieres.
Sin ti nada quiero,
y sin ella nada tengo.

Te regalaré ese último ramo que esperó secándose,
donde aún habita un tanto de agua fresca
y putrefacta a la vez.

Amor[3],
te llevaré a donde nadie nunca te llevó, a Sevilla,
a sus geranios rojos como el pañuelo de una gitana recién
estrenada, a Córdoba, a sus patios, a la Mezquita,
a Medina Azahara, a caminar por la Alhambra,
a bañarnos en la Tacita de Plata...

Ajos murmurando entre la garganta

Ponle el punto a este escrito,
entre paréntesis que lleva tu cuerpo.
Seré ese punto y coma
para volver a escribir en ti.

Palabras necias que hirieron oídos sordos.

Tengo el dolor enjaulado,
apenas come,
apenas repite ya tu nombre...

Eres esa primera estrofa repitiéndose en la última,
y es que te me repites tanto...
Ajos murmurando entre la garganta.

Me sabes tanto a ajo,
tanto a amor...

Serás ese plato prohibido:
Nata con fresas.

Serás esa paloma alzando el vuelo,
sin cazador que pueda evitarlo...

Serás esa palabra maldita olvidada
siendo recordada a la postre,
en la caída de la noche...

La ayudaré a levantarse,
aunque vuelva a tropezar de nuevo
con el Sol.

Matemático de letras

Las garras del destino me atrofian.
Veo el cielo turbio, de un tono oscuro.
Siento calor donde debería sentir frío,
veo el tiempo pasar despacio...

Apenas siento miedo,
sé que él tampoco me teme,
somos dos aves en una misma jaula,
mañana tan sólo habrá lluvia...

Cuesta creer en ti, Destino.
Quizás mañana sea mota de polvo,
pero hoy seré arena caminante entre la paja.

Se me cae la piel a cachos en esta batalla de Dioses,
tu amor es el Olimpo de esta Epopeya.

Quisiera perderme en tus curvas de mujer,
borrarte esos rabillos de Cleopatra,
mojarnos en las aguas del Nilo,
y perdernos por los pasadizos que dan hasta el Faraón.

Sé que debo, pero no puedo.
Confiar en, y no sé en quién.
Sentir el, soy insensible.
Amar a, ni a mí mismo.

Debo algo a ese alguien que no existe...
Un vendaval de números que no suman... Restan.

Matemático de letras.

Nuestra quiebra de Wall Street

Ahora,
que las nubes no se reflejan,
que las cenicientas salen hasta las tantas,
que tu piel no se puede ver,
pero sí tocar, por otros.

Ahora,
que todo va del revés y yo tan derecho,
descongelaremos nuestros cuerpos en el microondas,
las tarrinas de helado nunca más llevarán dos cucharillas.

Ahora,
que las brujas no son tan malas,
que el chocolate se bebe frío y la "paella" es para todos,
dejaré de jugar a las cartas para jugar a los dardos con tu foto,
merezco los 50 puntos.

Ahora,
que todos somos iguales menos en derechos,
que los coches pueden correr para ser multados y
que la playa se visita en invierno,
dejaré secar tus prendas al sol para que tus palabras no huelan
más a humedad.

Ahora,
haré los invernaderos de papel,
convertiré las damas en vagabundos y
"los te quieros" en "pasaratos".

Serás la mejor opción para mañana, nunca para hoy,
me debo a las grietas del placer y a los desayunos con
White Label.

Todo nos llevó a la quiebra, pareciéramos estar en 1929.
Grandes colas en las puertas de los bancos,
pero dinero, más bien poco.

Muchas gacelas para tan pocos tigres.

Mucha carne para tantos veganos.

Granaína de mis ojos

Soy mero contenido en el envase de tus caricias,
un continente más aguardando tus besos,
una botella derramando lágrimas de cuando marchaste.

Soy la calle más próxima,
grafiteada con tu nombre.

Una bombilla que se ilumina en tu presencia,
una farola cayendo entre las lluvias,
un puente abierto hasta el amanecer.

Un cuerpo enamorado del para siempre
en manos de un hasta luego...

Derrotado, como elefantes sin marfil,
como amapolas sin opio.

Una chicharra sin sol de agosto,
una cura sin receta médica,
o un cuerpo sin ser deseado jamás.

Puse tu sonrisa en el cielo para verla crecer,
ahora da frutos cada día,
perfecta para mis ensaladas bajas en calorías.

Ahí te veo, aposentada sobre la cama,
esperando a saber si vengo para conquistarte
o simplemente para hacer tambalear los muros del dormitorio...

Eres brisa, eres luna, eres magia...
Hechicera de mil batallas.

Recorrer el barrio de Santa Cruz,
desde tus labios hasta tu pecho.

Dejarme caer al vacío,
desde la Giralda reflejada en tus ojos...

Bendita caída, bendita muerte,
ver a lo lejos la blancura de tu piel,
allá por Sierra Nevada,
granaína de mis ojos.

Hotel (Sin California)

Directos al hotel,
las lámparas extraviadas nos guiaban hasta la habitación 33.

Sexo por placer
y placer por el sexo,
todo marchaba bien.

Saborear tu cuerpo, tus costuras, tus hilos perdidos, tus encajes,
tu cuello alto...

Sabes a nata, sabes al postre.

Beso tus labios vidriosos.
Pintas mis besos del color de los tuyos.
Bonito rosa fucsia,
por cierto.

Cambiamos el orden de las comisuras,
pusimos los labios del revés para encajarlos a la perfección.

Embriagados,
son ya varios los chupitos de ron y tequila.

Desbordamos el Nilo,
ahogamos a los faraones:
Keóps, Kefrén y Micerinos.

Tranquila,
si tienes sed beberás de las aguas del Sáhara...

Alfarera

En los cuencos de sus ojos relucían dos alfajores.
Uno para la salida del sol,
otro para la madrugada.

Tacones de cascabeles resumían la música de mi existir.

El puerto atrae barcos llenos de oro,
donde la melodía era el caminar de sus pies descalzos.

Vestido rojo sin lunares.
Con la parsimonia de un niño iré desenredando su piel hasta
dejarla en carne viva.

Sus colores pintan este lienzo en blanco,
y sus lunares, son las lunas de las estaciones en las que me baño,
cada noche.

Alfarera sin barro,
creadora de mi virtud.
Derrochas aguas sin dejar charcos,
aliviando el frío manto de las estrellas,
apaciguando a los manzanos que golpean contra las ventanas.

Bailemos,
sin despertar a la noche.

Bailemos,
silenciando susurros de enamorados.

Bailemos,
sin apresurarnos hacia la última nota de piano.

Fría, tal vez de Islandia

Fría,
como rocas acariciando manantiales,
salpicándome la imaginación.

Soy un niño en busca de la muerte,
ni su cuerpo al desnudo podría ya salvarme...

Cae la última nieve sobre su piel,
gobierna el frío en el espacio inhabitable entre los dos.

Ya nada valdrá la pena,
ni siquiera navegar bajo las sábanas.
La barca estaba tan deshinchada como nosotros,
nos faltó aire.

Siempre leyendo entre líneas,
párrafos desgastados por el llanto,
viajando siempre en barcos de papel pintados.

Aun siendo duros como el acero,
siempre tocábamos fondo,
de ahí nuestros sueños húmedos y
nuestros castillos de arena desmoronados.

Sirena de bar camuflada por unas botellas,
hielo en su mirar para enfriar copas,
colillas que marcarán el tiempo que nos ampara,
escapadas rústicas a lo desconocido,
bonitas marcas rojas decorando tu cuello, por cierto.

Se mudó a la fría Islandia,
Mar de Groenlandia bañando su cuerpo...

Runrún de una fuente

La misma canción de siempre volvió a contagiarme...

Se presagiaba tormenta de verano,
donde el barro arraigara en los zapatos,
y la escasa agua provocara en mí gárgaras.

Aquella esfera azulada volvió a escabullirse sin mí,
el perfume de la noche me embriagaba...

Pasos de tacón,
aires de una falda,
el caer de un sostén,
ojos como casas blancas,
el placer de un helado en la bella Italia...

Caímos una sobre la otra,
como cartas en una baraja sin barajar,
como cascabel perdido entre gatos moribundos...

Ella siempre rompía las ropas con suma delicadeza,
yo bebía del cáliz de su cuerpo mientras...

Sus piernas se agarraban a mis piernas,
dejando cierta holgura para que el fulgor pudiera asomarse
entre la raja del techo.

Besos de agua a media mañana,
vasos de besos al caer la madrugada...

Un tatuaje constante en la piel,
cerca al abismo donde cada noche caíamos...
Pozos de diciembre.

La cama decía muy poco,
pero nosotras decíamos demasiado en ella...

Tanto testarudo suelto y
tantos sueltos testarudos danzando...

Dos vestidos negros adornando el suelo,
besos atrapados entre tacones altos,
música celestial para labios pintados de rojo pasión.

La misma canción volvió a contagiarme,
sólo que en esta ocasión no presagiaría tormenta,
sino el runrún de una fuente cercana a una boca sedienta...

Nuestra esencia

Presumes de bufanda nueva, pero no presumes del amor que te tienen.

Muestras empatía por lo material, simplificando la hegemonía del alma.

Rechistas el precio de un bolso, pero no sales a manifestarte contra los abusos.

Acaricias esa manta sobre tu piel, pero no tu piel, que va envejeciendo paulatinamente.

Modelas la silueta para un vestido, pero no para ti, mientras tu autoestima va diluyéndose por el fregadero.

La tinta nos hace escribir, el boli tan sólo es plástico inútil.

Cuanto más nos alejemos, cuanto más miremos hacia otro lado, más lejos estaremos de todo aquello que nos hace ser.

Pues no somos lo que tenemos, somos lo que nos hace ser, nuestra esencia.

Ana

Te amo,
como una madre ama a su niño,
como ese niño ama a su chupete,
como ese chupete adora la humedad en la boca,
como esa boca ama a otra boca.

Y ahora,
que mi vida depende de un hilo,
que las modistas ya no cosen
y que los rasguños son mi día a día,
me abandono,
me rindo...

Pasos que no llevarán nunca a buen jardín,
rosas que no se dignarán nunca a oler,
ni siquiera en una brisa primaveral...

Tu cuerpo resultó estar bañado en barniz,
hablo de abril, cuando nos polinizábamos,
ahora marchitan nuestros corazones,
y tu miel nunca hubo abeja que la amasara.

Soy un triste aprendiz,
un mal soñador,
un conquistador que nunca llegó a ver El Dorado,
una isla perdida,
una mar tan dulce como senos manchados en nata.

Gilipollas de mí,
aprender a conducir sin coche,
a navegar sin barco,
a volar sin avioneta,
a besar sin unos labios enfrente...

Beber agua de la botella, recolectar tus paperas,
convertirte en cerveza para disfrutar de vos cada noche,
consumirte en mi sexo, palparte el clítoris...
arrodillarnos para comernos el uno al otro, sin prisas.

Lanzar una moneda al aire,
echarnos cosas en "cara"
y llevarnos la "cruz" del otro a cuestas.

El cielo parece azul, y tus ojos,
del color caoba que adorna la alcoba,
mi loba, seremos dos extranjeros por China,
un adorno navideño adornando terrazas de verano.

Serán esas lágrimas que calan, propias del invierno,
o esa caída de pelo, allá en otoño...
Mi más ansiada primavera, roja,
como amapolas adornando el césped,
como esa bandera de Comisiones Obreras...
Rojo, rojos, malditos ojos rojos,
tesitura extraña que no fragua,
el no tenerte, el no amarte de la mano...
Serán esos piojos rojos los que me amedranten,
o esa espina directa al corazón...

Bastardo Cupido, bastardo tu arco, bastardas tus formas...
Malditas botas, maldito charco, maldito arco, dando a tu ventana,
bendita Ana...

Que roben

Pudiera parecer que soy el mismo, pero no, he mudado la piel.
Llevo el infierno de la absenta dentro, soy puro fuego en el juego,
saliendo siempre para ganar, aunque practique más la derrota sin
balón.

Sus besos son perfume al cabo de unas horas,
puro recuerdo, casi borrados de la memoria,
y aunque siga caminando, confieso que aún guardo
cierto cosquilleo en los labios.

A veces prender un cigarrillo conlleva el quemarte las pestañas.
Con esto quiero decir que la vida no es fácil, más bien todo lo
contrario. Es una jodida odisea, de muchos que creen hacerse
llamar David y acaban resultando ser Goliat...

Escribo, desquiciado, como un poeta sin rumbo,
sin botines, sin madera con la que evitar el resquicio de la mala
suerte.

Son ya muchas las heridas de las que presumo,
pero aun así sigo viajando,
de recuerdo en recuerdo,
de sexo en sexo,
de baúl en baúl,
sin llave que tragar.

Una margarita despojada,
una rosa negra,
una guitarra sin "de Lucía" que la domine,
una voz rajada,
un "Camarón" sin su isla...

Barcos a la deriva,
encontrados barcos sin su arroz.

Una Argentina sin tango, una latina sin tanga,
sin Boca, sin río de la Plata, sin plata... sin mate.

Un lucero traficando oscuridad, un faro derribado,
una Roma sin su República...

Una manía sin ser amada,
una alfombra haciendo tropezar una y mil veces.

Quisiera derribar el Muro de Berlín,
hacer de tu República Federal una dictadura sobre la cama,
esposarte por malos comportamientos,
y vaciar la botella de ron sobre tus caderas.

Dos borrachos mirando al cielo mientras juntan sus sexos sobre el
césped, desnudos, dos almas escupiendo a la mala suerte.

Que entren a robar, si quieren.
Las cosas de valor ya fueron robadas,
y nuestras almas vagan,
horizontes dependientes de nuestras manos...

Réquiem

Y todo siguió su cauce,
el viento se llevó las cenizas,
la luna no me sorprendió vistiendo a la noche,
las luciérnagas se regalaban besos a sí mismas,
la tarde decoraba el espacio,
y ese espacio,
era tu vientre recién hinchado,
como girasoles siguiendo al sol,
despacio.

Rayos de otro mundo,
siempre Zeus ocupado con su compás,
hijos del odio amamantándose de la tierra,
lobas ejerciendo un nuevo amanecer,
llámenlo Roma.

Bailes de sirenas,
estaciones para aquellos que olvidaron pagar el tren,
un comunismo brindando nuevas oportunidades,
capitalistas llevándose migajas de un mal vestido.

Ya poco queda por usar la mano derecha,
siempre fuimos de levantarnos con el pie izquierdo
y de cruzar las piernas para mirar hacia otro lado,
mostrando nuestra "Esperanza",
sin depilar.

La vida es como una revista,
lleva muchas imágenes,
pero contenido importante lleva realmente muy poco,
sólo que nos entretenemos demasiado en la portada.

Ayer olvidé sonreír,
de ahí los folios en blanco.

Al alba,
dejaré derretir el lápiz sobre el ardor de un papel.

La tinta me escuchaba,
pero era tan sólo latidos de una mente enferma, decaída,
como aves apresurándose hasta el borde de África en una triste
canción de invierno.

Dejaré que suene el piano,
dejaré amargar al limón por si no llegara a probar otro bocado,
el mañana pareciera lejano, y mis pasos,
simples tocados de una mujer que cree ser importante por juntarse
con gente importante, por malgastar bienes en pecados capitales.

La luz está perdida en algún lugar llamado Oscuridad,
Réquiem.

Habitación ordenada

Ahora me pregunto,
con pelos en la lengua,
si de verdad fuiste tan amarga
como amarga me sabías postrada sobre la cama
abierta de par en par,
y créanme,
no había sentimientos de por medio,
la habitación estaba completamente ordenada.

A, de Amor

Siento inquietud en tu pecho,
siento que ya nada te importa,
lo presiento.

No lo digo por la falta de interés,
sino por esos besos que ya no me das,
junto a la fuente,
donde acabábamos con la espalda mojada
y con los labios empapados.

Aquellos paseos por Sevilla,
navegando por los jardines de Murillo,
dándonos la mano,
dándonos el alma,
dándonos la vida,
sin pedir nada a cambio,
excepto ver nuestros cuerpos abrazados reflejados en el río,
atrapándonos entre sus olas.

Dejas a la mitad la ración de churros,
dejas enfriar sobre la madrugada el chocolate...
Supongo que hoy estarás a falta de hambre.
Ahora entiendo la anemia,
la falta de hierro, y de vitamina A.
A, de Amor.

Hollywood

Demuéstrame que dominas mi cuerpo,
al amamantar la luna de los senos de la noche y,
no te apiades de este ser sin abrigo que cubra su piel,
sin monte al que verter,
los sudores de la vida.

Nací en esa estrella que alumbra tu nombre,
acariciaste la madrugá,
ahora el césped se abre bajo tus pies...

Melodías de una noche en Andalucía,
recogiendo recuerdos como recogíamos setas por praderas de
invierno.

Escalofríos recorriendo pasillos que daban hasta tu patio,
juegos prohibidos bajo las enaguas de la cena,
manos en pleno movimiento,
filmando películas made in Hollywood.

Atardeceres en blanco y negro,
recuerdos grabados en casette,
y un paseo agarrado a tu cintura levantándote la falda
a lo **Marilyn Monroe**.

El Cádiz de tu cuerpo

Esta noche bajará la marea de tu falda y volverá a colocarse la
luna, en donde siempre, en el reflejo de las aguas.

Aquella colmena picará a una inocente que desee ser picada,
el veneno si gusta, matará más dulcemente.

Aquellos párpados marcados en las olas vendrán hasta mí,
a una orilla apegada a la sombra de tu barbilla,
dejando surcos de agua hasta el mediodía.

Dos playas unidas en una bahía infinita,
caminos al borde de la lujuria,
una noche tan pícara como bufones de un rey sádico.

Una media luna parecida a tu sonrisa,
un eclipse de ojos,
y una escapada al viento que no cesó jamás,
al Sur de Andalucía.

El baile de las gaviotas removió aún más las aguas reflejadas en el
cielo, y de tanto removerlas, llovió, dejando un invierno empapado
en la cornisa de "entre tus piernas".

Espero ansioso la vuelta de la luna,
laboriosa en esconder gaviotas perdidas por el horizonte.

Lejos, muy lejos...
Hablo de Cádiz, tu Cáliz.

De sastre por la vida

Quisiera decirte los versos más bellos del mundo,
pero qué decir de este pobre vagabundo,
si cuando viaja lejos olvida las maletas,
y cuando llega tarde inventa cualquier excusa...

Quisiera amarte toda una vida,
pero para qué intentarlo,
si adelantas cada dos por tres las agujas del reloj,
si cuando intento acariciarte desapareces rápido,
como ofertas de supermercado.

Quisiera besarte,
pero desgarras tus labios para que no los encuentre,
para que no piense en ellos...

La paciencia me atraviesa,
me desangra...
Resbalo con mi propia sangre.

Soy un suicida,
un caos emocional que lucha consigo mismo para verse siempre
perder, arrojando la toalla, entre gritos de apostantes...

Alejandro Magno

Siento que pierdo al verla perder,
pero en realidad gano,
anhelo mi libertad.

Me amo libre,
te amas libre,
nos amaremos libremente.

Dejemos caer las cordilleras del amor.

Aquellos fogonazos son meros avisos,
avisos a contraluz,
cristales valientes,
malabares en pleno Circo del Sol.

Sonrisas tímidas pero valientes,
escaparon a media mañana,
entre copas frías y mujeres ardientes.

Detonaré las bombas de tu cuerpo
y resucitaré para llevarte de nuevo conmigo,
entre especias que trajo consigo,
un tal Alejandro Magno.

Griegos y romanos

Malditos griegos,
siempre queriendo filosofar para llegar al Partenón y
alcoholizarse de la vida...

Maldita botella, maldita borrachera,
siempre andan necesitados de agua oxigenada,
y aquí me tienen, derrochando alcohol,
desinfectándome las heridas de la garganta...

Vasta conciencia
¡Basta ya de tantos vastos con bastones vastos!
A mí me basta con mi compañía y un par de cartas de bastos,
apostándome la vida en la plaza de Abastos.

Malditos romanos,
siempre queriendo saquear ciudades y desolar fronteras,
malgastando laurel en coronas,
creando templos para rezar a Dioses necios,
sin saber que los Dioses están de mi lado,
y las hojas de laurel en mi huerta.

Tantas especias de especies sin esencia,
tantas florituras sin flores ni torturas.

La vida pierde fuerza,
entre cadenas que muchos llevan.

Piano

Ese hombre de traje negro y bigote rizado tocaba el piano,
cosechando ritmos en papel, y ella, tímida debido a su desnudez,
bailaba, vigilando sus pasos, no fuera demasiada provocativa.

Las notas profundizaban en sus almas,
arraigándose en el centro de sus pechos,
sintiendo como la música acariciaba al silencio
y acortejaba a la noche.

Dejó el piano amarrado al poste del olvido,
escaparon hasta a la habitación como dos adolescentes en celo.

Deseaban cumplir sueños,
apagar velas,
zamarrear sus cuerpos en el pecado.

Demasiado polvo acumulado en sus muebles,
demasiadas aguas estancadas en sus cuerpos.

Quisieron domar al mundo,
pero el mundo acabó domándolos a ellos.

Caballos galopando por la bahía,
recuerdos aparcados en doble fila.

Arroparon al frío con sus cuerpos,
y elevaron al sexo a la máxima potencia.
Trufas aterciopeladas.

Él, introdujo su vida por la ranura de ella, y ella, sobresaltada,
prometió que ese amor sería de la única cuchara con la que
desayunara cada mañana, a la luz de la terraza,
con un cigarrillo encendido a cerilla,
fuego directo a las pestañas.

Labios carnosos como manzanas recién asadas,
amor mecido en cuna,
niño despavorido que por fin sonríe.

Piano enamorado de su música,
música enamorada de su piano.

Desde Andalucía hasta Argentina
-En colaboración con Alejandra Marcela Baldoni, Alma-

Una sonrisa desdibujando el cielo,
una tierra de sol, agua, verdor en la mirada.

Brisa árabe llorando entre granados,
olivos que sacuden vientos,
gata que se perdió en algún cabo,
Giraldillo navegante en primavera.

Palomas vistiendo de blanco pueblos,
sotanas que vuelan hasta la Mezquita,
faldas al son de unas palmas,
gitanas silbando a la suerte,
romeros arrogantes del destino.

Andalucía: brindis y tragos,
alfareros sin nombres,
aguadores derramando aguas,
aves con cielo en donde correr,
artistas de caras pintadas y letras en puño.

Una canción de oído a oído,
sueños bañados en oro,
torre que quiso ser,
Guadalquivir.

Aquella niña gaditana de la mar,
dejando su virginidad navegar,
entre la bahía.
Aquella niña gaditana de la mar,
pregonando fuego,
polvos de una noche de San Juan.

Dejaré que la Alhambra bautice mi cuerpo,
rezaré sus calles,
amaré sus vinos,
olvidaré la cruz por el Albaicín,
rogaré perderme...

Sueños por Sevilla,
noches en Pureza.

Ventanas que dan al patio,
Cervantes entre barrotes, Entrecárceles.

Andalucía

Pregúntame a qué hueles,
y te diré a nostalgia.

Pregúntame a qué suenas,
y te diré a Tango.

Tienes ese... no sé qué,
que a todos les encanta.

Te imagino rubia, pebeta,
en minifalda, taco aguja,
dibujando cuatros
al compás del bandoneón.

Eso eres, Buenos Aires,
corazón de héroes inmigrantes.

ALMA flameante de mil banderas,
ciudad de poetas y cantantes,
arte caminado sobre adoquines.

Pregúntame a qué sabes,
y te diré a amigos, a mate.

Pregúntame qué eres,
y te diré patria, sueños.

Tus calles son como venas,
venas recorridas por mi sangre,
esquina Corrientes y 9 de julio,
Obelisco monumento al encuentro,
fútbol, pasión, pizza, birra, faso,
cafetín de Buenos Aires.

Como dijo Discépolo:
"Si sos lo único en la vida que se pareció a mí vieja…"

Argentina

Dos aves sobrevolando Roma

Amanece, tus besos no saben igual que ayer, apenas me rozas,
y llevo horas con la piel de gallina tan sólo observándote.

Me encuentras lejos aun estando a tu lado, me retiras la mirada,
yo te retiro la ropa, pero sales corriendo, el frío del baño te llama.

Demasiadas discusiones ahogándonos en la piscina,
llevas media hora ya en la ducha, y pareciera que llevara
navegando toda una vida hacia tu isla.

Sales empapada,
dejas atrás los problemas,
me besas...

Nos hacemos el amor,
nos regalamos un par de besos,
de esos que saben a marea peligrosa,
y comenzamos a nadar a contracorriente.

Prendes un cigarrillo, sirves dos copas.

Hablamos de futuro, como el que habla de cualquier cosa...

Sentimos miedo, pero ya comenzamos el viaje,
las ventanillas del coche ya no pueden bajarse.

Nos echamos en la cama, nos dimos la mano.
Dormimos abrazados, dejamos pasar el tiempo.

Ahora somos dos aves sobrevolando Roma,
dos barcos contando estrellas...

La vida

La vida,
esa narcisista egocéntrica
yególatra que cree saberlo todo.
La vida,
una deforestación constante.
La vida,
una bacteria que no cesa en el intento.
La vida,
ese crío que viaja hacia sus primeras canas.

Alma intranquila

Aquella campiña,
dos fieles intentando desnudarse uno más deprisa que el otro.

Aquella jaula,
donde dos sentimientos se ven buenamente atrapados.

Dos charcos, dos piernas, un salto, una caída...

Debieron ser aquellos vientos procedentes del Este, tal vez....

Al fin, empapados.

Lágrimas apretadas que caen por su propio peso.

Aquel cigarrillo fue acogido por el nido de los estorninos,
y ardiendo, avisaron entre gritos de que aquella chica rubia de
ojos claros no era trigo limpio.

Sin ver más trigo que el maíz de su mirar,
me acerqué hasta sus focos del mismísimo color azul y,
sin arrepentimiento,
di dos pasos hacia atrás,
sugestionándose su sorprendido rostro pálido.

Ella,
ególatra de su caminar,
dio tan sólo un paso hacia delante,
por lo que la insuficiencia de pasos dejó en mí una mancha
insaciable en dolor.

Dolor que poco a poco fue surcando mares del Mediterráneo,
rejuntándose con aguas del mar Negro,
pues como esta última palabra citada,
así fueron mis últimos pasos por la vida,
en plena marea brava y hostil.

La vida,
como todas las grandes cosas, tiende a esparcirse,
como la sal en el agua, como el aceite en una mañana de domingo,
con pan de Marchena.

Quizás mañana pueda nadar en sus aguas,
pero hoy por hoy me tiemblan las piernas nada más pensar en
saltar al vacío...

Pues no existe nada más vacío que un alma intranquila,
un alma experimentada en grandes noches,
pero poco acostumbrada a amanecer sosegada al abrir
la rosa de la mañana.

Violonchelos, y un violín

Navego, sin sentido alguno.
Calculando la cercanía que me reconcome tu ansiada lejanía,
somos dos yetis inexistentes,
dos gargantas que apenas pronuncian la R,
querida [ʁ]ocío.

Llevas un ladrido dentro mientras duermes
y yo soy un kamikaze emocional,
lo mismo me divierto leyéndote que paso página contigo...

Rocío el líquido de tu botella en mi continente
mientras te veo desnudar a la noche,
dejando senos camuflados al silencio,
y me miras,
como si nunca me hubieras mirado,
dejando latente a este siervo,
que sin ti,
nunca podría latir.

Suelto algunas hebras de tabaco sobre el papel,
mezo las ansias por,
y descargo tu hachís sobre mi memoria,
desgarrándome el alma;
pues te tengo enfrente,
sudorosa, fría, desprendida en prendas,
esperando a ser resucitada de la muerte sobre el colchón.

Fumamos de él,
dejándonos la piel sobre la avenida,
descuidando el sonar de los violonchelos
y del violín de nuestras vidas.

Placer desbordando aguas,
y en ese escaso milímetro que separaba nuestra mirada
dejamos verternos como aguas de lluvia sobre tejados,
como canciones que van de gato en gato,
de lugar en lugar.

Aquella melodía en tu cintura fue, quizás,
mi más bella muerte pero,
llevo varias vidas gastadas en otros cuerpos,
mañana pudiera no ver amanecer la sencillez que lleva ese lunar
nacionalizado en tu ombligo.

Tanto pasaporte para un simple beso... tanta Ley de Extranjería
para ni siquiera rozar tu sexo...

Violeta

Aquellos rojos infieles,
no son como nosotros,
apuestos civiles.

Nuestra bandera es práctica,
incluso hasta vuela.
Bendito águila.

Ellos son progresistas,
intentan nivelar la balanza entre fichas negras y blancas.

Llevan una bandera tricolor,
se han vuelto majaretas,
mezclando nuestros colores con el violeta.

Presumen de ser cultos,
pero no llevan armas como nosotros.

Llevan libros,
escuchan música protesta,
escriben poesía,
dejan a sus mujeres leer...

Sus libros nos servirán para calzar nuestras camas cojas,
así nivelaremos nuestras conciencias.

Presumen de escasez económica,
de agujeros en los bolsillos...

Nosotros tiramos de billetera,
y nos ponemos tirantes
para que no caigan nuestros pantalones
con el peso de las monedas.

Qué estúpidos resultan
¡Putos rojos!
¡Putos progresistas!

-Paco, tengo un hijo que es un poco... en fin, ya sabes, rojo...
-Yo también, Manolo. Yo también.
Yo también tengo un hijo que es rojo, y para colmo,
mi suegro luchó en el bando de los republicanos...
y mi mujer se llama Violeta...
Son una epidemia, una jodida plaga de insectos...
-¿Y ahora qué, Paco?
-Ahora vayamos a tomar algo,
no vaya a ser que la democracia nos devore, Manolín...

Amarga

Sólo veo paracaídas, lunares,
una vuelta al mundo en un solo cuerpo,
donde la Traviata será el tímido gemido que escape tras la
ventana.

Tan sólo somos leña,
ardiendo tan rápido como llegue la primavera,
sacudiéndonos hojas que fueron cayendo lentamente sobre
nosotros, hablo de otoño.

Recuerdo unos labios gruesos, de norte a sur.

Caricias que raspan el alma,
dejando en carne viva a los sentimientos,
esos que se diluyen con sosa cáustica al anochecer.

Seremos Adán y Eva buscando lecho donde domar a la serpiente.
Cristo se equivocó de cuento,
la flor de loto necesita regarse cada día sobre la cama...

Impón tu castigo, te lo ruego.
Necesito sentir el fuego deslizarse sobre mi cuerpo,
soy joven para morir, lo sé,
pero envejeceré rápido entre tus labios como un buen vino tinto
francés...

Son bodegas de la vida.

Cornisa del tiempo

Allí, a lo lejos, están los recuerdos.

Todos nos asomamos al balcón de vez en cuando
e intentamos volar cometas para que las nubes no se sientan tan
solas, sacarle una sonrisa al sol, y a la noche, intentar levantarle
la falda a la luna de un solo soplido...

La vida son recuerdos,
y nosotros somos recuerdos en constante movimiento.

Ayer es hoy. Hoy será mañana...

Salir a la calle,
ver que tu sombra es tan sólo un número, un dígito, un instante...

Observar la copa respirar sobre la barra.
Sentir su amargor, su acidez...
Sentirte añejo, tanto como él.
Cada trago que des formará parte del pasado,
del recuerdo.

A veces me miro y me pregunto
¿Por qué pasa tan rápido el tiempo?

Las canas dan la respuesta, pero no la solución.
Pues mucho he aprendido de aquel niño imberbe
que se perdía en la esquina del colegio...

Amor de amapolas

Como amapolas que se cierran en un triste mes de invierno,
como una sonrisa sin un lunar que la adorne,
como unos gestos de amor sin un cuerpo presente.

Aquellas tierras me dieron tantos frutos como frutos pudrieron,
la hambruna se veía curada con festines,
y la miel me sabía a miel siempre que estuvieras tú.

Sábados trabajando,
domingos buscando tu cuerpo entre océanos desperdigados
y en alguna que otra orilla prohibida.

Besos empapándose del sudor de nuestros cuerpos ansiosos,
ansiosos por el tiempo.

Una marea de cuchillos cayendo desde un cuarto piso,
esperando a que aquella voz fuera sólo el canto de los gorriones,
o la sirena de una ambulancia...

Huellas marcadas en el rellano,
pero más marcada quedó la silueta del timbre en mi dedo...

No importa el color de unos zapatos o el peso de un abrigo...
Importa más el color de unos ojos achinados,
y la inocencia de una sonrisa capturada al instante.

El amor es... una ráfaga de viento fresco en agosto y
una oleada de campos de trigo para cien mil búfalos.

El amor es… fue, o será…
la misma imagen que ves cada mañana en el espejo:
una bofetada de mal aliento,
o un perfume recién vertido por el cuello.

Amor imposible

Dos bandos buscándose para matarse,
una escopeta, una trinchera,
jugando al amor en una cama violenta,
su mirada anclaba en mi pecho desesperación.

Tú, tan culpable como yo,
aunque a la vista de los demás fuera todo lo contrario.

Llevas tanto veneno dentro como una mantis religiosa,
que aun yendo a misa, cumpliste ya con todo el cupo de pecados.

Llagas en la lengua. Serán tus besos.
Manchas en la piel. Serán tus mentiras cicatrizando.
Lunares rondando mi pecho. Serán tus puñales dibujando el vacío.

La calle contigo era un laberinto,
había tantas mentiras como señales de STOP,
y cedíamos el paso a todo aquel que quisiera acercarse hasta
nosotros. Nuestro lecho era un vaivén de vehículos.

Falsedad. Tu nombre.
Quería verte. Tus apellidos.

En el cine le dimos más importancia a las palomitas que a la
compañía, dejándola ahogar en un vaso con abundante hielo y
pajita.

Somos aceite, y agua.
Somos un recreo, sin niños.
Somos cerveza caliente, en Sevilla.

Querías fumigar la soledad, y aquí la tienes, dando sus frutos.
Ahora no busques ecologismo en mí, creceré en cualquier ladera,
libre, como la mala hierba.
Lejos, muy lejos, del viento de tus pestañas.

Desperdicié copas de whisky en tus labios al besarte.
Me debes más de una, por cierto.

Algo imposible: cabalgar entre tus senos.
Algo imposible: entrar en tus labios sin sentir asco.

Una piel tan blanca no mereció ser coloreada nunca por una piel
tan morena.

El sol se apiadará de ti. Que las nubes aguarden tu destino.

Ahora, camino solo.
Ahora, caminarás sola.
Dos caminos paralelos que no llevarán hacia ninguna parte.

Seré ave sobrevolando tu vida.
Seré tierra germinando tus semillas.
Seré lodo manchando tu cuerpo.

Un amor imposible,
pues ni tú ni yo sabíamos cómo empezar esta historia,
y mucho menos escribirle un final.

Cuando un libro se escribe solo,
corres el riesgo de caer en faltas de ortografía,
y con tantos "puntos y comas",
aborrecidos, nos volvimos anoréxicos...

Entre tus piernas sólo hubo maleza,
y no soy de llevar conmigo guadaña.

Amores de cenicero

Amores de cenicero, están tan de moda...

*Somos cigarros ardientes apagándose en el frío cristal del
cenicero.*

*Culpables del mal aliento, del beso negado,
de corazones negros, de pulmones aún más negros,
dejando un mal olor del que nadie se enamorará.*

*Somos colillas de amor por el suelo,
prohibiciones de aquí no se puede amar,
recomendaciones de que hay que dejarlo,
y de que si sigues amando... morirás pronto.*

*Permanecen expectantes. Que si amamos cuatro paquetes,
que si dos paquetes...*

*Amemos lo que nos dé la gana,
fumemos lo que nos plazca,
que no controlen nuestra forma de querer morir.*

*Amar perjudica gravemente su salud
y la de los que están a su alrededor...*

*Si nos hubieran avisado de esto antes,
cuánta salud y cuántos disgustos nos hubiéramos ahorrado.*

Anillos

La mañana parecía fría,
mis manos resbalaban hasta los bolsillos.

Comienzo a caminar, con paso firme,
parece que la nieve jugara, pero en realidad son sombras
escondidas tras la noche.
Tiemblan, como tiembla todo mi cuerpo.

Miedo, pánico, esas son las palabras que se crían en mi huerta.
No soy consciente, pero las riego a diario,
con pocos higos con los que alimentarme, sigo, temblando de frío.

Pocas arboledas en un camino tan empedrado,
la sonrisa se agota, como el agua de la cantimplora,
pero aun con sed sigo, cada vez quedan menos piedras por sortear
y deseos por aflorar.

Ninfas por todas partes,
duendes robando las ganas de seguir caminando,
ya he dejado atrás unos cuantos bares tan vacíos como mi féretro.

No sé en quien creer, ni a quien seguir.

No sé qué condena me saciará más,
si las piedras, o el fango del camino.

Olvidé caminar, pero qué tonto, si puedo volar...

Me despido de los vecinos, es momento de partir.

Ahora puedo verlo todo desde arriba,
ahora puedo jugar solo,
sin que las piedras me hagan caer,
sin que el fango me haga ensuciar,
sin que los vecinos hagan en mí despreciar.

Flores y más flores,
recuerdos y más recuerdos,
se esfumaron,
como mis pasos vistos desde arriba,
los rebaños blanquean caminos oscuros
que ya fueron recorridos.

Volar volaré, sin saber a dónde pero, si las alas lo permiten,
volaré hasta donde aquella niña perdió su diadema por ser
princesa por un día sobre un altar y reina en un paritorio.

Vida,
perdona mis altibajos como yo perdonaré aquellas ganas no
perdonadas por comer, por beber, por dejar ronchas en la cantina.

Saborearé el triunfo y dejaré caer cada uno de los anillos que me
pusieron.

Así las manos pesarán menos y, mi corazón,
vagará aún más libre de lo que mis alas permitan.

Apátrida

No me considero de ningún país,
ni siquiera alzo bandera alguna,
pues qué bello es sentirse libre,
persona apátrida.

Quédate con tu nazismo barato,
con tus banderas decadentes,
bañadas en sangre.

Mientras nos separen,
con ideologías absurdas;
Mientras nos enseñen,
con ideologías absurdas;
Mientras nos manipulen,
con ideologías absurdas;
Seguiremos perdidos entre fronteras,
y yo me siento tan libre...
tan apátrida...

El origen de todos es el mismo origen.
Cuando entendamos eso, tal vez,
lleguemos a ser realmente libres.

Bonita palabra

La esclavitud no se ha abolido,
se le ha puesto un precio,
y al parecer, más de medio mundo está hipotecado.

Los bancos controlan nuestros hogares, nuestras vidas.

Libertad, bonito nombre de mujer...

Libertad, bonito título para mi libro...

-¿Qué precio tiene la vida, si nos dicen que nacemos con un pan
bajo el brazo?-

Llevamos toda una vida intentando pagar esas migajas
prestadas...

-¿Qué precio tiene la libertad, si no está en el escaparate?-

Nos intentan sorprender, con ofertas de,
y caemos, como gotas de sudor en la frente,
y seguiremos cayendo, de ahí nuestras rodillas sonrojadas.

Cerca del olvido

Salgo. Ato el cordón del botín con el otro,
a fin de cuentas seguro que tropezaré tarde o temprano.

Me despeino, a conciencia.
El viento pega fuerte y raro es no ver a una chica sujetar su falda
para no alertar a los coches que circulan a escasos palmos de sus
nalgas, "salidos" recién de fábrica.

Enciendo un cigarrillo recién apago otro,
aún puedo verle soltar todo con lo que a mí me mata.

Camino. Las suelas se quedan atrapadas en la acera,
supongo que serán chicles del ayer.

Bostezo, me aburro. Nadie ofrece nada nuevo por descubrir,
y así todos los días, como pescadores de alta mar en días de niebla
y luna llena.

Veo olas en el río haciendo eclipses con el vaivén de las luces de
las farolas, y me asombro, mi sombra camina a destiempo,
y mi cabeza, rula como si fuera de madrugada, ebria.

Las sombras del pasado me atizan,
me vomitan sobre lo alto todo lo que bebí ayer,
pero no les culpo, este bulímico no les hará hacerse sentir
culpables.

Todo son canciones aprendidas,
son ya pocos los instrumentos que hacen bailar
a estos zapatos rotos,
y a esta corbata descuidada.

Con el rocío de la mañana vuelvo,
a donde no exijan papeles caducos ni leyes que salten vallas,
a donde el niño acudió para no ser nunca jamás encontrado por
los demás niños...

Cerca, cerca del olvido.

Cuando…

Cuando alces la mirada al cielo,
recuerda, mis finos dedos sobre el piano,
aquellas tardes de merendero,
rociando migas de pan por el césped
¡Cuán bellos estorninos estornudando sobre el rocío tempranero!

Cuando pongas el pijama, al resbalar la noche,
presiente mi mano sobre uno de tus pechos.

Aquellas caricias que se desenvolvían como Pedro por su casa,
cayendo la luz de la lámpara sobre nosotros,
iluminando cada vello perdido,
cada beso robado…

Cuando caigas en la cuenta,
déjala, no la pagues.
Ya me devolviste todos esos besos prestados,
todas las cenas rebeldes sin postre.

Aquella tarta significó mucho más que el mero hecho de cortarla.

Cuando abras las mantas, y dejes caer tu cuerpo entre sábanas
paralelas a tus curvas, piensa que allí estuve yo, esperándote,
y aún sigo, anhelándote como en el primer día.

No existen palabras de amor tan grandes capaces de encajar en
estas frases, ni palabras que puedan expresar lo que expresan tus
labios, aquellos amigos carnosos que quedaban pegados a los
míos durante horas…

Hace algo más de un mes que cogí ese tren, obligado.
Fue el primer tren que no pudimos coger juntos, por suerte.

Cuando caigan las últimas hojas,
él cuidará de ti, nuestra semilla,
que brotará sin que pueda regarla.

Será nuestro penúltimo regalo juntos,
pues el último te esperará dentro de muchos inviernos,
cuando ese tren que cogí solo podamos cogerlo juntos.

Mientras tanto, aguarda.
Es pronto aún para volver a vernos,
debes regar cada día esa rosa que llevas en el pecho
y cuidar esa amapola que llevas contigo en el vientre.

Cuando leas esta carta, Mariela, ya habré partido al más allá,
pensando en ti, en nuestro futuro hijo.

Cuéntale lo valiente que fue su padre partiendo a la guerra,
que no pudo volver, pues quedó atrapado en las telarañas del
destino.

Quisiera haber estado contigo arrebatando uno a uno los pétalos
de aquella margarita y sentir cómo salía un te amo,
pero las guerras no entienden de familias ni de hijos ni de esposas
ni de amor...

Un país dividido entre hermanos, primos, sobrinos...
Peleando por ideologías que de nada servirán,
pues lo único servible es dar los buenos días al comprar el pan a
la mañana, o tomar un café, para compartir el periódico.

Despídete también de mis amigos de la taberna.
Diles que les debo la ronda de la última partida,
aunque aún les tocará esperar.

No quisiera que me fueras fiel toda una vida, me fui demasiado pronto, habiéndome olvidado las llaves en la encimera de la cocina, cerca al vaso de leche repleto de migas de pan que nunca pude llegar a tomar.

Eres joven, aún te quedan muchas primaveras por plantar, muchos tomates en la huerta por recolectar.

Encuentra a ese alguien que pueda hacerte el amor como yo lo hacía, rondándote siempre a la hora de la merienda, y dejando para la cena las mismas ganas que en las del desayuno.

Nuestro hijo será fuerte, esperemos que para entonces no existan más guerras.

Ojalá el sol no olvide acariciar su piel, que encuentre la paz consigo mismo y con los demás, que al amanecer despierte junto a una muchacha que la haga querer, como nos queríamos nosotros en el pajal de tu padre.

Sevilla, a 20 de Julio de 1936

DAG

A veces sueño, otras no tanto,
entre terciopelo envolviéndome,
o pasando frío con una manta cerca.

Son las cinco de la mañana
y mis pensamientos no entienden de despertador.

Pensamientos tan ásperos como la piel de un níspero,
dos llantos simultáneos, amor y odio,
entre la maleza de la hierba y la bondad de unos pies descalzos,
clavándose espinas por los fueros de mi alma.

Pesadillas dignas del mismísimo Diablo,
desearle a alguien esto sería desterrarme,
ahora comprendo las botellas vacías de Dionisio.

Oigo voces. Me llaman, me insultan, me desprecian.
No acudo a ellas, pero vienen de todas formas a por mí,
haga lo que haga, vaya a donde vaya,
el sudor frío me ahoga en plena orilla.

Siento miedo del miedo,
lloro por el tropiezo de mis propias lágrimas,
y tiemblo, de mis propios temblores.

No soy yo, ni siquiera me llego a asemejar,
en esta fiesta donde corren los tiros y la sangre salpica,
colocándome una máscara con la que nadie llegará a
reconocerme.

¿Quién controlará este cuerpo?
¿Quién robó esta alma inocente?
¿A dónde parará mi "yo", mi sabiduría, y mi flaca fuerza...?

Los saludos caen desde el balcón,
las conversaciones se desarrollarán entre campos de
concentración.

Quisiera estar solo,
pero una vez solo necesito a ese alguien que ni conozco.
Es por eso que amo y odio tanto a los minutos, a las noches,
a los pabellones donde abundan zapatos...

Fueron varias veces las que pensé en ti, guadaña.

Fueron varias veces las que deseé invertir la cruz,
dejar caer mi cuerpo sobre las espinas,
pero ni siquiera ese deseo me fue concebido.

Por qué tanto castigo,
si sólo era un niño que recorría la avenida en busca del balón.

Por qué tanto dolor,
si ni siquiera me dio tiempo a saber de la vida,
de sus afluentes...

A veces respiro, otras me dejo respirar,
y esa inestabilidad me hace estable,
entre cordilleras y caminos que a ningún lado llevarán,
cualquier dificultad mínima pudiera ser una odisea.

Aún sigo al frente, pero con más corazas,
impidiendo que la mala vida me arrastre...

Aún sigo,
balanceándome en el columpio de la muerte,
importándome un bledo que la cola rodeé el parque al completo
esperando a que termine, sin pudor ni vergüenza,
pues tú nunca tuviste eso ni lo otro.

Te hice y te haré frente.
Ahora soy dos veces más fuerte.

DAG

Dátiles

Míralos, como dos niños.
Jugando al juego de la peonza,
dando vueltas uno alrededor del otro,
sin saber que la cuerda estaba gastada.

Míralos, como dos adolescentes.
Susurrándose canciones de amor
que apenas antes habían escuchado.

Míralos, como dos jóvenes empedernidos.
Limpiando pistas de baile con las suelas gastadas,
rejuntándose en el pecado para acercarse cada vez más al convite,
ya van veinte canciones de edad.

Míralos, dos ancianos amándose toda una vida.
Vagando de banco en banco,
observando detenidamente las obras del metro, embobados,
como embobados estaban hace cincuenta años,
mirándose a los ojos, contando arrugas como cuentan años,
dándose barniz en los poros de la piel,
dejando claro que lo bello es contar estaciones juntos,
arreglar los geranios del patio y alguna que otra palmera,
sin dátiles, pero con abundante sombra.

Diversidad de amores

Me gusta verte desnuda, de cuclillas, mirándome a los ojos,
derramar aguas hasta tu boca, que finjas amor,
pues mañana sólo seremos meras mariposas en busca de otro
néctar.

Me gusta que estés tan abierta como la ventana,
"corriente de aire fresco" y, nuestra memoria,
sentenciará cuerpos, entre manchas de nacimiento y
algunas cicatrices sentimentales que poco ya nos importa.

Me gusta que te pongas encima, que ejercites tu cuerpo,
que nades entre las charcas del placer y pesques a este pez
perdido entre agujeros oscuros, soy tu Máximo placer.

Soy detective privado, siempre buscando gemidos extraviados.

Cuando pierdas el norte, lo encontraré,
bajo las sábanas, rondándote el ombligo.

Me gustas. Sí, me gustas.

Que me exprimas las ganas, que me dejes secas las lentillas,
que me empapes de un hasta nunca,
pues mañana no volveremos a vernos,
quizás.

Esclavos de la noche.
Luces que irán difuminándose entre grados de alcohol.
Me encanta verte vestir mientras descanso las ansias,
que cierres la puerta y que ni siquiera te despidas,
que quede todo en un mero recuerdo.

Mañana no nos acordaremos de nuestros cuerpos.
Ni tu marido ni mi mujer sabrán de las manchas que dejamos en
nuestra piel.

Fieles al arte de la infidelidad,
somos humanos,
el amor no es sólo de dos.

Dos amores adolescentes

Me miras, te miro.

Te excitas, me excito.

Sólo nos separa unos cuantos pasos,
los mismos pasos que nos une,
de aquí al baño.

Suena la campana, pero cual vendedor tras la puerta, ignoramos,
sembrando nuestros sexos sobre la tapa del wáter,
haciendo crecer nuestro propio y único árbol, llamado Deseo.

Las mochilas caen por su propio peso,
intentan huir por debajo de la puerta,
pero el amor las bloquea.

Tu saliva sabe a limón, la mía a ginebra, ya casi es sábado,
y nuestras manos descansan sobre uvas en la vendimia.

La adolescencia se cocina joven, a fuego lento.
Va dejando rastros en el suelo,
empapando nuestras sombras más inconformistas.

Tus senos se balancearán en la curvatura de mi miedo,
y mi péndulo, nos hará saber el poco tiempo que nos queda.

Será por inexperiencia en la labor,
o por la lujuriosa empresa de pensar tanto en ti,
cada madrugada, entre el edredón y mi ombligo,
distancia suficiente como para el juego de una mano
autosuficiente...

Dos barcos desconocidos abriendo fronteras,
dos continentes que soñaron con ser Pangea,
dos aves enfrentándose por un mismo nido,
dos estrofas acariciando una misma canción.

Ojos recorriendo cuerpos,
cuerpos que al día siguiente se saludarán tímidamente, pero,
en este baile, bailaron un eterno vals.

Ella

Ese cuerpo exuberante, ardiente,
casi reventando los botones del corpiño.

Radias belleza, juventud, ganas de comerte el mundo,
y por mucho que puedan asustarte...
Tranquila, el mundo nunca te comerá a ti,
te lo aseguro.

Disfruta de esas noches de insomnio,
de esos licores abstractos que te harán verlo todo de otro modo.

Coquetea con todo aquel, y con todas aquellas,
ya sabes a lo que me refiero, algunas son de diseño,
otras no tanto, pero sobre todo,
nunca pierdas el rumbo de tu libertad.

Piérdete en el limbo,
experimenta todo aquello que los demás no logran ver.

Sé especialmente especial, sé que no es fácil,
pero te diferenciará del resto.

Sal de vez en cuando de tu burbuja,
sé que es un mundo un tanto complejo,
pero una vez que le cojas el tranquillo,
será coser y cantar.

Nunca pierdas tu virginidad.
La del orgullo, me refiero.
La otra piérdela cuando te plazca y las veces que haga falta.

Serás digna siempre,
porque lo que te hará perder no será lo que los demás critiquen,
sino lo que te haces perder a ti misma por lo que los demás puedan
llegar a decir. Siempre tendrás críticas, te lo prometo.

Nunca pierdas esa luna en cuarto creciente que te hace tan
especial, bajo la nariz, que por cierto, es chata,
como chatas serán aquellas compañeras que te acompañen cada
mañana...

En mitad del campo

Nos dieron más de las doce esculpiéndonos en mármol,
dejando atrás toda la madera podrida que nos sobraba.

Dura, como la piedra;
ligera, como el gas que lleva consigo dentro;
ardiente, siempre ofreciendo fuego a desconocidos;
extravagante, siempre de mano en mano,
satisfaciendo el mono de los demás...
Eres un jodido mechero, nena.
Y yo siempre terminaba cual colilla por el suelo, pisoteada,
a expensas de ser fumada por cualquier yonqui del amor...

A medio gas decidí volar,
entre la borrasca de dudas que llevábamos sobre nosotros.

Contaba los días del calendario sin contar contigo.
Tú medías mi paciencia sin mediar palabra alguna al tener las
medias bajadas, dejándome a medias.
Los trabalenguas nos dejaron mudos para tantos problemas por
solucionar.

Recuerdo aquella vez que terminamos con el coche en mitad del
campo. Con la excusa de contar estrellas acabamos metiéndonos
mano, pero en los bolsillos. Ni tú tenías ganas, ni yo tenía ganas
de darte nada, por lo que nos fuimos enseguida, dejando alguna
que otra estrella sin contar...

Ginebra, y un par de besos

Tráigame hielo, camarera.
Necesito aliviar las penas en este vaso ebrio en deseo,
ardiente en ginebra.

Déjeme aliviarla.
La veo tensa, y yo más tenso,
tensémonos.

Mis dedos buscarán paz entre fluidos de guerra.

Sé que anhelas la lava de este volcán, que en erupción,
dejará fluir toda su vertiente entre sus dos montes,
aún por desvestir.

Se aproximan los dioses al convite.
Comen y beben todo,
apresurados por la codicia.

Nos entremezclamos, Atlántico y Mediterráneo,
desembocando en el golfo de siempre,
"en el cigarrillo de después de…"

Tu sonrisa barata y mi risa tonta de fécula de patata
nos delatan, queremos más, y me obligas a comerte
bajo las sábanas…

Tu aliento besucón derrotaría al más cruel guerrero,
tu rostro pide clemencia,
y mi boca, un paseo por el mar.

Me consumo tan sólo observándote,
como ese cigarrillo solitario que espera paciente en el cenicero…

Una mesita de noche con ganas de presenciar la mañana.

Eres tan infinita como el amanecer.

Mi más tierno desayuno francés:
Croissant,
mantequilla
y mermelada.

Si prendes fuego en mí,
recuerda que terminaré por quemarte las prendas.

Por muchos broches que lleves,
siempre se olvidarán de ser abrochados.
Son sostenes despistados.

Pregúntame lo que quieras,
en tus lunares encontraré siempre la respuesta.

Recojamos la sal de nuestros sudores.
La ensalada está aún por aliñar,
pero tu cuerpo... me gusta más al natural.

Labios de una ninfa

Existen tres viajeros con capucha
rodeando el mundo cada día:
La Envidia, la Maldad, y la Codicia.

Existen cordones que no atan zapatos,
y existen chaquetas de entretiempo que se salen con la suya en este
frío mes de invierno.

Existen corazas que destruyen amores,
y existen amores que desmontan corazas,
la realidad no siempre desbancará a la ficción.

Se puede abortar sentimientos,
pero con sentimientos no se llegará nunca a abortar,
la dualidad de la existencia no tiene fin.

Existen amores ansiosos por desnudarse.
Otros, en cambio, nunca llegaron a hacerlo,
tan sólo les separó un instante,
una caricia...

Las mil y una noches (Alf layla wa-layla)

Tu calor ahuyenta mis fríos, mis males son tus ausencias.
Cada noche, cada madrugá, pienso que vuelo por Graná,
Albaicín, recorriendo la Alhambra que da hasta tu fuente.

Soy doce leones rugiendo en tu puerta.

Quisiera ser el velo que esconde tu cuerpo y que dejará libre al
caer la noche...

Lluvia de estrellas en Marrakech, las mil y una noches.

Velo caído sobre mis pies, hazme sentir libre, mujer.

Lunes y viernes

Volcarás toda tu mala suerte en mí,
haré crecer tréboles en los terrenos secos de tu jardín.

Anhelarás que caiga por el precipicio de tu sonrisa,
acariciaré tus púas hasta conseguir hacerte reír.

Amarás todas las piedras que me hagan tropezar,
rociaré los colores del cielo por las paredes de tu habitación.

Sentirás placer enviándome cartas vacías,
mandaré sombras para que te acompañen en las calles más
oscuras.

Harás de mis sábados lunes,
haré festivos todos los días de tu calendario.

Melómanos del amor

Se rindió al mejor postor,
pues sus lágrimas eran oro puro
-24 K-

Negoció su suerte a los dados.
Primero salió un seis,
luego un nueve,
imaginen como acabó la noche
-69-

No bailó en toda la fiesta.
Quiso guardar intactas las suelas de sus zapatos.

Una mirada bastó como para llenar de agua cien mil ánforas,
agua tan sumamente fresca como para revivir pasiones pasadas,
pasiones de dos melómanos del amor.

Niña

Canta, mi vida.
Llama al timbre de los vecinos,
que retumbe en sus tímpanos,
y regálales la flor de la vida,
tu esencia salada de los mares.

Deja la alcoba bien recogida,
no tropieces con las trampas de un futuro incierto.

Haz bien la cama,
y saborea bien las sombras que la noche otorgue.

Presta tus libros a todo aquel que no tenga con qué leer,
la vida es tan solo un préstamo,
nada te pertenece,
y todo se esfumará algún día,
el día que olvides respirar...

No uses la violencia,
eso es de necios.

Una mujer bella jamás debería dejarse mostrar desnuda para
alguien que no entienda de arte, de belleza, que no quiera amar.

Baila cuando hagas uso del aburrimiento,
así harás vibrar las ausencias del pasado para convencer a los
anhelos del presente.

Notas sobre el piano

Añoro aquella sonrisa,
aquella sonrisa que desplegabas,
al caer la tarde,
macedonia de frutas frescas.

Deseo aquellos tiempos,
aquellos tiempos melosos detrás de verdes frutales,
agarrando la fina línea entre tu cuerpo y el mío.

Ardo en deseo,
merodeando entre las espinas que traen tus rosales.

Echar el ancla en tu bahía,
yacer en tu palmeral.

Ese lunar que te acompaña,
piel morena y tersa,
siempre fiel, al abrir la ventana.

Acariciarás la ausencia en mi lado de la cama,
contarás arrugas entre las sábanas en vez de ovejitas,
te peinarás el pelo esperando eternamente un piropo,
ya no tendrás a quien enviarle besos a través del espejo...

Notas sobre el piano.

Nicaragüita

Tu cuerpo va derritiéndose entre mis labios,
apenas pude quitarte las ropas y una brisa hizo desprenderte de
ellas.

Ahora volemos, dirección infinito,
la ecuación quedará para la noche,
llevo todo el día practicando este baile,
tus tacones sombrearán el pie de la cama.

Aquel pañuelo... Sobrevolando Nicaragua.

Aquella estrofa... Acariciando tu pecho.

Me gustas vestida de sonrisa al amanecer,
me encantas desvestida a la noche, sólo tu piel.

La lámpara renegará de nosotros,
la mesita de noche comenzará a abrir el día...

Esa pastilla afrodisiaca que es la luna, y tus caderas,
harán volar notas musicales por los gemidos.

Abierta de par en par... la crisálida de la noche.

Cálida y sudorosa te muestras, frente que riega tu vientre,
bajando la marea hasta tus tobillos, y saber que en ellos tendré la
estabilidad para saciar mi sed desértica.

Labios del norte adentrándose en unos labios sureños...

Botella de ron dominicano y palmeras con dátiles frescos,
alimentando las ansias por conquistarte, querida Nicaragüita.

Nuestra noche anterior

Serás siempre mi ángel,
rodeada de nubes en un cielo abstracto.

Siempre te estaré observando,
no importa si estoy ebrio o sobrio,
relucirás tu esbelto cuerpo en el reflejo de cada copa que engulla,
pues las noches son tan jóvenes y yo soy tan joven...
que todo este juego quedará entre chiquillos,
al caer la madrugada.

Tu luz abre el camino,
sin tus senderos estoy perdido,
como aquel sostén olvidado tras el cabecero de la cama...
manchado de amor.

Píldora del día después

Sé que te retuerces de placer mientras agrieto tu piel intacta.

Vuelves a mí, año dos después de Cristo.

Soy el Zenit, tú mi Zenitcienta.

Pero recuerda, debes abandonar los sentimientos,
soy sólo un recuerdo, un paraíso sin árboles que den sombra,
una piscina de muchos maremotos...

Cierra tus piernas y tápate,
el convite ya despidió a la orquesta.

Vuelve hasta tu casa y despréndete de mis fluidos,
hazlos volar, quizás puedas ver la Vía Láctea.

Soy una mala digestión, un quebradero de cabeza,
un hormiguero constante en tu vientre, un caza mariposas...

Lárgate, no vaya a anochecer
y desprenda la luna que llevo dentro...
El cantar de un lobo.

No acudas nunca a mí,
el hotel ya está pagado y no formo parte del desayuno.

Soy una tostada chamuscada,
un café cortado...

Un cigarrillo sin mechero con el que casarse.

Fuimos una noche,
una imagen reflejada en una copa,
una partida a los dardos,
un beso debajo de un puente,
una foto mojada por la lluvia,
una noche de sexo y una rotura del condón,
ese que nos envolvió los sentimientos para no dejarnos
enamorados, sin necesidad de la píldora del día después,
pues no había más que amor por matar.

Otros tiempos

En plena Edad Media de sentimientos nos aniquiló el sabor de la
mandrágora, aquellos rituales absorbieron la fina prosa de
nuestros labios.

No existe ciencia alguna que no aniquile la Iglesia,
ni caricias del mediodía rodeadas por una manta.

Templarios titubeantes, arderán entre las llamas,
Plaza Mayor, Salamanca.

Tus mendigos corroen de peste bubónica las calles,
y ahora que salgo de Praga, no quiero más ratas que me persigan
si no tienen el Santo Grial de tu cuerpo al desnudo.

Desde que cayó el Impero Romano,
desde que se instauró el Imperio Bizantino,
ya nada tiene sentido.
Las bibliotecas en las que nos conocimos ardieron,
y aquellos textos que nos escribíamos permanecen confiscados en
el Vaticano.

Ni tan siquiera Platón con su idea de la Atlántida,
ni la perfección de Teón en su hija Hypatia,
o el calor emitido por los espejos ustorios de Arquímedes
pudieron frenar la caída de aquellos memorables tiempos.

Tiempos en los que luchábamos para conquistarnos,
como Napoleón conquistó toda una Europa.

Por ti seré un soldado alemán decapitando a Hitler,
un nazi abrazando a un judío,
entre escombros de un muro llamado Berlín.

Papeleos de banco

Qué cara fue la hipoteca que le impusiste a nuestro amor,
aún pago intereses,
viéndome en banca rota,
pidiendo préstamos para pagar más préstamos...

Qué caro el IVA de nuestros besos.
Me hiciste saber lo que era el caviar,
y con dos huevos fritos hubiera bastado.

Pagué caro el peaje para adentrarme en tu cuerpo,
y qué decir de las letras del Mercedes que resultó ser un Ford.

Senos de luz

Hoy no saldré de casa, aún me duelen esos gestos que no salen,
esa carita de niña mala que en el fondo tanto me pone.

Nunca te dije un SÍ, y ese fue mi mayor defecto,
decir No a toda una vida juntos,
porque desde entonces la vida nunca más plasmó un arcoíris.

Me conformaba con el color de tus ojos,
con el color de tu pulsera,
aquella que te regalé anocheciendo en París...

Aquellas mañanas desafiando a los muelles de la cama,
donando amor a los vecinos colindantes carentes de tal virtud.

Aquellas tardes de sonrisas, haciéndonos cosquillas en los pies,
o esas noches de cine mudo, en las que sólo hablaban nuestros
cuerpos.

Recuerdo escuchar a Charles Chaplin maldecir al amor,
romper el bastón, apretar un par de tuercas mientras sus muñecas
se lo gastaban todo en un Ken, en un coche rosa y en una vivienda.
Total, nunca tuvieron que pagar letras... las letras las pagaban los
poetas.

Seis de enero

Realmente estamos desnudos ante la naturaleza.

Creemos que cuantos más edificios construyamos más vestidos
estaremos, y nada más lejos de la realidad.

Fui buscando a Dios en cada iglesia,
pero me cerraba todas sus puertas,
no llevaba dinero en los bolsillos, me repudió.

Fue ahí donde me di cuenta que era ateo,
aunque en las noches pudiera creer en él,
en mi soledad, en mis pastillas.

Esa muchacha de piel blanca bajo una sotana, Virgen.
Acabamos sangrando ambos sobre el colchón,
vomitando las copas del día anterior.

Aquella casita de colores no resultó ser un supermercado
24 horas. El alcohol era bastante más caro,
pero al menos las "cajeras" eran más cercanas
y te invitaban a tomar la última copa arriba,
siempre y cuando tuvieras la cartera llena.

Sí, esa es, mi segunda casa, ese bar haciendo esquina.
El único bar de toda Sevilla con las mujeres frías,
y las cervezas calientes...

¿Amigos? Bueno, más bien compañeros de convite.
Invitan a la boda pero nunca a la despedida de soltero,
más tarde llamarán para contarte un posible divorcio y, las copas,
resultarán aún más caras que en la casita de colores.

Cansado de disfraces, me gustan las personas sin ropas,
de esas que muestran sus estrías en frío y sus ojos claros en
caliente.

No soporto comer pipas en un banco sin antes habernos visto las
heridas.

Tiempos modernos, dicen, y aún sigo viajando en trenes de vapor.

La vida cree tener bien escondidos los regalos bajo el árbol.

Yacen papeles y lazos despendolados por el piso.

No me llegó a gustar ningún regalo en ese trágico Seis de Enero.

Señora

Todo cambia,
todo lubrica,
todo varía de postura,
y todo termina en una sonrisa
-Gimamos-

La vida, tal y como el sexo,
empieza con pequeños juegos para terminar en grandes jugadas;
jugadas con maestría.

La vida,
esa señora que camina tapada,
deseosa en probar de la fruta del pecado.

Camina temerosa por temor a ser vista,
bajo la luz de la agitada esfera azulada.

Probó de la manzana,
resultando no estar tan envenenada como pensaba.

Señora erizando una piel velluda,
sonríe, tan ruborizada ella...

Sus manos fueron cómplices,
y su boca, culpable.

Con el corazón en un puño,
anduvo disimuladamente por los senderos de un placer camuflado;
caminos húmedos.

Lluvia, tras la mampara.
Gritos, bajo el caño de agua tibia.

La vida,
como aquella señora,
caminará a hurtadillas,
dejará rastros poco visibles
para que no nos perdamos entre placeres que mucho ladrarán,
pero pocos serán los mordidos.

Señora,
vestida a la vieja usanza,
protegerá sus valores allá donde vaya,
pero en casa se convierte,
como lobo que vaga por las noches tras las colinas,
aullando bajo la sombra de una esfera vestida de blanco.
–Recién casada con el placer-

La vida,
caprichosa entre tulipanes negros,
aguardará fresas para el postre,
pero ante tanta avaricia bulliciosa,
dejará caer el bolso para rociarlas por el suelo.

Señora,
caminante hasta la cruz más cercana,
pensará en cómo santiguarse para no volver a caer
en el cáliz de la locura.

Se disculpó ante los fieles, y perdonada,
volvió a caer en el pecado.

Ahí la tienen, desnuda en el confesonario, ruborizada,
van a juego sus mofletes con la ropa interior,
roja, como la llaga que lleva en la costilla.

El vecino vaga exhausto,
sabe que estará cerca de casa cuando prenda el tercer cigarrillo...

Toda una vida esperando y las carnes pudriendo.
Mírenlos ahora, han convertido el amor en un perfecto suicida...

La vida pasa despacio con un beso ahogado en una copa,
pero va tan deprisa en cada caricia...

Sí,
ambos han perdido el anillo de la vergüenza...

Serás siempre mi mejor despedida

Necesito un folio en blanco para poder describir tu piel,
para poder rellenar de metáforas tus labios
y sentir las anáforas de tu cuerpo en la subida y bajada de la
luna...

Expreso de medianoche,
hablando inglés en un triste departamento ruso...

El baile de una moneda sobre la mesa.
Nunca dio la cara,
pero nos dejó la cruz pegada a la espalda.

Camino solo,
como buen café colombiano.

Camino sin rumbo,
como satélites de USA.

Letras deslizándose por el vientre,
derramándose la tinta entre sus labios.

Abanico aborrecido de tanto invierno,
matanza de elefantes por un rey ansioso en marfil,
números rojos manchados de sangre inocente.

Albahaca sin vernos al alba...

Aquella mañana fría,
aun caminando descalza en mi ser,
dejó huella de bota grande en mi pecho.
Lo catalogo como magia, ella es mágica...

Sonrío, aun sabiendo que mañana no veré amanecer con ella...

Así es la flor que nunca creció,
la tierra que nunca otorgó,
la presa que sin correr escapó de las fauces de un águila...

Pasear entre las llamas del silencio y sentirme culpable.
Donar tiempo a la suerte y seguir en deuda con ella...

Será bienvenida la tardanza del sol a la cita,
dolorosa recogida de aceitunas...

Abrazar al destino,
mirarle a los ojos,
dejarme ciego,
y ver la oscuridad tiñendo su cuerpo.

Un cigarrillo consumiéndose entre mis dedos,
un sabor tan amargo como cerveza a la niñez.

Con ella me siento coliflor esperando al sol de una tarde por
Islandia.

Hierro,
fuimos simple hierro desvaneciéndose entre el océano,
un ancla buscando tierra en dónde agarrar,
unos labios buscando alguna piel inocente...

Una despedida repleta de versos, sin besos, con flecos.

Una lágrima que añora volver hasta los ojos que la vieron nacer.

Kalea sin nombre, pero que recuerda a ti.
Un ramo de flores secas, pero de besos regados.

Un anillo que no amarra al dedo, encogió de tantas mentiras.

Un beso revoloteando en todos lados menos donde debe,
perdió el mapa del amor.

Un adiós enamorado de un hasta luego...

Si nos echan de más...

Necesito tu piel blanca,
blanca como tardes de meditación,
saborear tus curvas ácidas,
y los limones que te cuelgan tras una primavera insípida...

Eres:
aire,
tierra,
fuego,
arrasas mis fueros,
y no contenta con ello,
pides más,
y más,
y el sexo tiembla tras las cortinas...

Gimes mientras bailo,
bailas mientras gimo,
las paredes son simples obstáculos,
y el colchón una simple mentira...

Me gustas cuando sonríes,
apoyada en mis hombros,
cambiando la presintonía de la radio,
haciendo de la música un templo,
rezando de rodillas mi credo.

Vaguemos por las estrellas,
total, a ellas no les importará...

Durmamos cada uno en una nube.
Despertemos nunca,
y mañana será siempre.
No nos echarán de menos,
y si nos echan de más,
que sea en una copa...
con abundante hielo.

Sombras, y ropas de noviembre

Efímero beso aquel que derrapaba en la barra de labios
y no en los míos.

Ese perdón nacido de una boca que nunca llegó a ser perdonado,
por haber llegado tarde.

Esa canción incomprendida,
nunca fue captado su mensaje,
mi boca jamás fue capaz de tararearla,
por mucho que esperaras en aquel banco
y yo en el coche metiendo primera,
bebiendo segunda, copa.

Esa pajarita que de tanto esperar salió volando,
y esos gemelos en la blusa crecieron,
hoy están peleados por enamorarse de la misma mujer.

Esa familia que se rompió,
como cenicero quiebra contra el suelo,
en busca del cigarro marcado con tus labios.

Ese cuerpo que se enfría a la par que mi copa.

Esa mañana que se atraviesa en el estómago como desayunar
tumbado.

Ese reloj que se sube por las paredes de tanto esperarla...
Le robé las pilas, para que nunca me despertara del sueño...

Ausencias que matan como humo del tabaco,
y ese doctor que fuma entre paciente y paciente,
inexplicable.

Bahía coleccionaba huellas,
la mar se las arrebató en un arrebato...

Ese olor de mujer impregnado en un hombre discutiendo con otra
mujer.

Ese postre que no llegué nunca a comer para hacerle hueco a su
cuerpo...
Puse veinte kilos de amor.

Me dejé crecer la barba para no topar con mis lágrimas.

Caminante necesitado de semáforos en verde,
pero no para caminar hasta su boca...

Ropas y más ropas... de noviembre.

Aún creo estar en abril. Sevilla nos sentaba tan bien...

Sonidos de la naturaleza. Al-Ándalus

Déjeme soñar con los sonidos de la naturaleza,
con las teclas de un piano en un verano cualquiera,
o el tatarear del eco en una cornisa, más allá del invierno.

Un ruiseñor cabalgando entre oleadas de viento,
procedente de algún lugar desconocido.
Sintamos.

Gotas de agua acariciando a un recién nacido,
una montaña llevándose consigo a toda una constelación de
árboles.

Una caricatura escondiendo canas,
el bostezar de un lobo aburrido de tanto amar lobas...

Un beso recién caído de un manzano,
una flecha que lo atravesó,
y un Cupido tan arrepentido que desde entonces no quiso volver a
saber del Amor...

Una estrofa de lluvia recién caída del cielo,
dejando empapada a una distancia que aún palpita en el bosque...

La llamada de algún ser,
unas señales de humo retumbando en la capa de ozono,
un infinito haciendo castillos de arena...

La señora vestida de verde deambula sin ser vista,
sus pasos son camuflados entre arbustos y paja recién vertida.

Un sonido recorre su llanto,
la sal que la cubre se llama Mar,
excepto días festivos.

A la postre,
se cubrirá de un manto de estrellas,
dejará libre su pelo,
otorgará sus ropas a los aires del Sur.

Por fin llegamos, Al-Ándalus.

Soy del Sur

Mariposa que vuelve hasta su crisálida
en una triste canción de amor.

No hubo saxofones ni músicos,
apenas podía sentirse la cordura y,
en plena travesía,
nos atropelló el tren de las oportunidades,
ese que nunca solía parar en la estación;
lugar de besos prohibidos.

Polillas revolviendo estómagos,
amores de lata,
caricias sin conservantes,
besos con aditivos,
miradas contaminantes,
cuerpos de plástico.

Falsas esperanzas,
eres la mentira que perdurará en el horizonte.

Presiento que,
sin aguas,
esto no llegará a buen puerto.

Tu piel nunca llegó a desnudarse,
tus prendas se las llevó el viento,
y tu ropa interior nunca fue a juego conmigo.

Rozaduras de tantas algas vertidas,
medusas que nunca salieron de la mar,
sal en el paladar,
y Angustias,
de cuyo nombre no quisiera acordarme.

Nervios como plato principal,
velas agotadas sobre el mantel,
cubiertos sucios,
copas de cristal inservibles como trofeo,
sonrisas falsas mojadas en vino de tetrabrik.

Un arco que no presume de fotos,
sino de Giralda.

Una pobre cámara que nunca llegó a detectar una sonrisa,
unos ojos tristes,
fuego en Notre Damme.

No quisiera despedirme,
pero en este mar de llanto y lágrimas apenas puedo escribir,
y la pluma anhela a ese ave del paraíso.

Hoja difuminada entre recuerdos,
imágenes colapsando una papelera de reciclaje,
un par de botones que nunca llegaron a desabrocharse...

La despedida llegó en algún lugar de la carretera,
donde kilómetros quedaron escondidos tras el túnel,
entre lluvias vascas y asturianos prados.

Soy del Sur.

Caos

Ahí me tienen,
probando suerte en esto del amor,
provocando al viento con un abanico,
echando a suertes una moneda para ver si sale cara o carísima.

Midiendo aceras siempre... zigzag... tictac...

Creí engullir a la vida hasta que me engulló ella a mí,
mirándome a los ojos,
de labios carnosos.

Desdichadas sábanas,
siempre terminarán calentando más al frío mármol que a mí.

Altas horas de la madrugada,
ganándole la partida al despertador,
ese que trabaja sin pan que llevarse a la boca,
ya somos dos.

Te extraño,
casi siempre en la cama, desnuda,
nunca en la cocina, con delantal.

Tus lentejas siempre quedaban en el fondo.
Les patentaré un flotador...

Las espinacas quizás fueran el mejor adobe para construir casas,
pero no movamos más mierda en este asunto,
bastante tenía con aguantar a tu madre siempre en casa...
Eso sí que era una prueba constante de amor.

Al observar el techo,
veo más allá de la falta de una capa de pintura.

Veo tu rostro,
o quizás sea un desconchón más entre tantos.

Tenéis cierto parecido, a decir verdad.

Duermo abrazado a la almohada,
aunque me tenga una orden de alejamiento.

Leo, aun siendo Aries.
Me doy cuenta al cabo de un rato que el libro estaba del revés,
pero como todo me sale al revés…
nos acabamos entendiendo perfectamente.

Todo cambia

Aquel cigarro duró lo mismo que duró mi cabello sin canas.

*Los años concurrieron tan deprisa que casi me ahogo yendo detrás
de ellos, de ahí mi asma.*

*Las ciudades nos absorben,
y aquella estatua que tanto admiras está repleta de moho.*

*Ya no existen parques, existen zonas de paseo,
donde árboles ni siquiera dan los buenos días,
y qué decir de aquellas rosas arrebatadas de los jardines,
prefieren verlas morir en agua.*

*Coches, sólo veo coches,
quizás sea el único movimiento humano visible.*

*La gente anda entretenida en sus jaulas asalariadas,
los ratones vagan a sus anchas por la ciudad,
y los gatos están agobiados con tanto trabajo nocturno.*

*Confundo palomas con aviones,
algodones de azúcar con nubes,
creí ver el sol en el techo de algún garito.*

*Todo precocinado, todo preparado,
dejan al azar como segundo plato.*

*Viene hasta mí la añoranza,
como un perro viene al reclamo de su amo.*

Vuelvo al pueblo, a recordar aquellos años mozos en la charca,
con los hijos de Luís y Paca, esperándome desnudos para darnos
un chapuzón, mientras las vecinas Lucía y María hacían como las
que se tapaban los ojos, reconociendo luego en clase cada uno de
nuestros lunares más escondidos.

Nada parecía igual.

El pueblo también cambió.

Aquella charca ya no era una charca,
sino una simple piscifactoría de truchas.

Aquellos árboles ya no contenían ruedas para balancearnos,
sino tristes señales de tráfico.

Quizás fuera frío el último paseo por el campo,
pero permítanme decirles que, lo que antes eran pastos verdes,
ahora eran simples pastos de paja para caballos abandonados.

Poco queda de aquellos maravillosos años,
poco nos queda de la juventud regalada.

Maravillosos aquellos días,
maravillosas meriendas de la abuela,
propinillas que venían como agua de mayo,
juergas de los vecinos en Nochevieja,
habladurías al caer la noche de verano: taburetes, charlas,
y vinillo dulce de Málaga.

Tú, mi amanecer

Pesan mis ropas al verla.

Me siento despistado al saludarla,
será que aún perdura en mí la anestesia,
o la falta de vitamina A,
A de Amor.

Cada día,
al pasar por la puerta de su trabajo en la hora de salida,
simulando cierta torpeza al tropezar con ella,
para recoger juntos los contratos que caían de la maleta.
No hay despidos, hay contrataciones de amor.

Bendita torpeza la mía,
acariciar su mirada con mis pestañas largas a conciencia.

Predestinado a morir, lo sé,
pero que sea a su lado,
como abejas merodeando en la alfalfa,
o miel en botes decorando espacios muertos.
Es duro pensarlo, pero a pesar de mostrarles indiferencia,
nos premian con suma dulzura cada mañana.

Quisiera ser sus momentos más íntimos,
aventurarme con ella hasta la ducha,
sentir esas aguas deslizar por su piel.

Ser ese gel adentrándose entre los poros,
acariciando su bajo vientre,
calmada, ruborizada,
sabedora de que acabará en placer.

Seré sus flujos íntimos al chocar contra las aguas estancadas de la bañera.

Ser esa calentura,
esos dedos húmedos,
ese pelo al mojar con cada uno de sus orgasmos...

Ulises

Serás las sobras del pescado,
espinas maullando a una garganta,
cortinas de terciopelo recogidas del viento,
excesos del ayer que serán comida para mañana.

Presentes melómanos de la música pasada,
delirios de una señora balanceándose,
molinos entre recuerdos y trigo,
aquellas espigas finas y secas,
pura paja salamantina.

Seremos un baile pasajero entre cuerdas de una guitarra.

Seremos delicados cabellos en retocados de boda.

Seremos panes que sobran en la posguerra.

Seremos empedrados asolando herraduras.

Todo quedará para después del postre.

Tus besos son arrogantes,
pero mi cuerpo sondea a la hoguera...

Ludópata, curvas de mujer,
aguas, que saciarán mi sed,
fuego, que empapará la almohada,
prender un mundo de botellas vacías,
sencillo.

Me despido, saboreando el hojaldre de la derrota.

Me fui, con las manos en los bolsillos,
rebuscando en ellos lo único que dejaste,
pelusillas.

Aquel camino fue la odisea de Homero sin saber que Ulises
marchó ya hacía tiempo...

Mañana seré viento, para remover tus arenas...

Un pastel hasta mi boca

Una rosa que crece,
salpicando veneno en las heridas.

Apenas llega a los tobillos,
pero ya sabe cómo destruirte.

Arranqué uno por uno sus pétalos.

Susurró que me amaba,
aunque llevara consigo lágrimas de sangre,
con cada una de las espinas que la acompañara.

El amor a veces atormenta, si no, es que nunca hubo amor.

Hueles a amanecer,
te cierras a la noche como el cantar de un gallo,
un calcetín perdido entre las ropas de la cama,
una cenicienta infeliz en cuentos de una niña feliz.

Alborotada,
te agitas sobre mi vientre,
serán las mariposillas del primer café juntos.

Saborear tus ropas,
rajar aquella falda tenebrosa que cosió tu madre días antes,
primavera entre mis manos.

Tanto amor nos pudo,
siendo necesario sacar la hoz,
cortar aquella rosa pálida al llanto de la luna,
y hacerla de nuevo brotar,
entre vientos del Norte.

Ya crecerá otro capullo en tu jardín,
ya saldrá otra mantis de mi cama...

Ahora viviré del recuerdo impreso,
de las tantas espinas afiladas,
del camino por donde nos perdíamos a menudo.

Sale el sol,
un nuevo día abre.

Será de nuevo los colores de la primavera en mi estómago,
o la nata que se deslizará del pastel hasta mi boca...

Veneno

Una sonrisa tan fresca como sus gestos,
unos ojos rajados como castañas del mediodía,
una melodía que reside en un walkman,
y la música, esa música, era la que más me gustaba,
saber que la noche vendrá hasta mí,
pero sin prisas.

Ayuno las sobras del día anterior,
alimentándome a base de pan, tomate, y algún que otro ajo
rechistón.

Aquel veneno del que tanto me hablaron había hecho efecto en mí,
pero el antídoto lo tenía sobre el pupitre,
iluminado por un resquicio de sol.

Con una tiza muda resultaría imposible pintar su nombre en la
pizarra, pero no, tenía su cuerpo retenido en el haber de su mente.

Acabamos blancos del blancor de las blancas tizas.

Raíces, tallo, hojas, pétalos.
Flor.

Un cielo azul pudiera ser sin gaviotas,
pero nunca sin vos,
donde el sol se esconderá tímidamente detrás de un árbol,
proporcionando sombra,
y alguna que otra curva en movimiento.

Quién dijo que el puente se elevaba,
si lleva años sin barco al que dar sombra.

Quién dijo que Cádiz era provincia,
si Camarón habló de una isla.

De bodas

Distraído por tus andares,
quise llevarte de la mano por los altares,
menospreciando el color de tu vestido
para centrarme así mejor en el color de tus ojos.

Rocé tu alma al ponerte el anillo.

Supe que te quedaría pequeño,
pues un amor tan grande jamás podría caber en un dedo.

Ahora los testigos serán meras palomas anidando campanas
de las doce.

Gránulos de arroz que asaltarán peinados,
madres de caras lluviosas y padres atormentados,
sobrinos que huirán de la cola del vestido,
suegras matándose por un ramo.

Quizás ésta no sea la única boda en nuestras vidas,
pero sí será la boda de nuestras vidas.

Adictos al matrimonio

Solíamos caminar por Sevilla, tomarnos un helado,
de esos que se derriten antes de mirarnos a los ojos,
comernos los labios, y dejar la fresa justo para el final.

Caminábamos cogidos de la mano,
hacíamos el amor en cualquier banco.

La gente se atemorizaba al vernos,
pero no se atemorizaban al ver dos personas en trifulca.

Veíamos amanecer acurrucados,
sintiendo la magia de Triana.

Contábamos cuántos coches rojos pasaban,
si era más de ninguno nos besábamos apasionadamente.

Sí,
lo reconozco.
Siempre se me escapaba la mirada al escote y
la mano por debajo del sujetador.

Me gustaban sus ojos, siempre decían algo
por mucho silencio que hubiera,
y yo, tan tímido,
le susurraba palabras al oído.

He de admitir que algunas, o la gran mayoría,
eran obscenas, pero por tal de sacarle los colores,
era capaz de cualquier cosa...

Se ruborizaba,
pero por dentro se moría de ganas por llevarme a la cama.
Llevaba días con las sábanas limpias,
con los preservativos en el cajón de la mesita de noche y el
lubricante bajo la almohada.
Era un buen anfitrión,
lo reconozco.

En fin, cosas de enamorados.
La acompañaba hasta la puerta de casa,
fingía ser un buen compañero de clase ante sus padres,
y exterminábamos minutos manoseándonos,
mientras se enfriaba la comida que recién preparaba la madre.

A partir de aquí, todo fue a peor...

Nos casamos.
Firmamos un... no sé qué, y... mírenme...
con bolsas de basura por tirar, perros que sacar,
niños que recoger...

¿Viajes? ¿Vacaciones? (Carcajadas)

Pero aun así la quiero.
Despeinada, con una blusa arrugada de estar por casa,
sin depilar...

Creo que soy otro adicto más al matrimonio...

Que sueñe la luna sin mí, hoy

Su sonrisa era ópera en París,
un dramaturgo sin obras que desnudar,
una cigüeña perdida en los aledaños de un pub para singles...

Delincuente copa nocturna la que nos unió,
ahora somos dos tristes divorciados en busca de sexo sin amor,
felaciones sin pudor.

Una mandrágora poco humana,
un druida en minifalda masturbando a la creatividad de una
marmita, una sátira repleta de halagos,
un adiós enamorado de un hasta luego...

Armonía se escribe con H, para eso fue Diosa.

Matanza de Texas,
colina de la concordia,
sentimientos "a rosa de piel",
una piel edulcorándome el alma.

Arterias que no llevaron sangre, sino belleza.

Desgarradoras cimas nevadas en Granada,
una ciudad tan iluminada como su mirar,
en plena feria del pestañeo.

Eras para mí lo que el queso para un ratón,
un gato moribundo negociando con los cristales sobre el muro,
un perro infiel, de dueño en dueño,
una mesa que ya nada aguanta
y una silla que a la más mínima deja caer,
al suelo de mis pasiones...

Te ansiaba como al tabaco,
te olía como al perfume,
te necesitaba como a las aguas de Tabernas.

Te extraño mientras me haces sentir como a un extraño,
extrañando extrañezas que ni imaginaba.

Hoy soy un soñador que sueña sin sueños,
que duerme sin sueño, que sueña sin dormir...
Que sueñe la luna sin mí, hoy.

Melómana de mis cantares

Quién poseyera a la luna para alumbrar el escritorio cada noche.
Quién tuviera su brillo, su luz, para desmemoriar escritos
estratosféricos, para pasear con mi perra por sus cráteres
imperfectos.
Quién tuviera la llave de su casa para adentrarse hasta sus
arenas grises, para calentarse en sus aguas más frías.

Enamorado.
Lunático por vos,
Luna.

Luna de las lunas,
luna de las dunas,
princesa y dama de noche,
bailarina de zapatos de cristal,
dejando ropas en los tendederos,
regocijándose tras los cristales de cada casa,
asombrando a todos aquellos incrédulos,
mi amada Luna.

Pensarnos libres

Nos pasamos toda una vida colocando capas y más capas de ropa
a todo aquello que nos rodea, olvidando que todo al desnudo es
más bello, sin tabúes ni complejos,
dejando respirar nuestras almas...

Esposamos a las personas que nos hacen sentir especiales,
y la fidelidad sólo contempla dejar volar a dos fieles sin miedo a
perderse el uno del otro, sólo volar,
como volar vuela el amor libremente por las calles de Carmona.

Creemos en nacionalidades y en fronteras que caducarán,
en banderas inservibles, en religiones que hacen no amarnos a
nosotros mismos...

Mientras nos encontremos en tiendas repletas de ropas con taras,
de complejos, de corazones manchados en petróleo,
de insatisfacciones y ansiedades...
será mejor que miremos al cielo,
al menos ahí podremos pensarnos realmente libres...

Amores sin destilar

Nuestro mayor defecto fue el conocernos.
Nuestra mayor virtud, en la cama,
al menos ahí nos humedecíamos entre las sábanas.

Siempre me dejabas a medias, la copa,
y nos lanzábamos a por otra, discusión.

Nos fuimos infieles a nosotros mismos,
ninguno quiso estar,
pero no supimos escapar de esto,
ahora somos dos clavos estancados en madera podrida.

Nos mirábamos a los ojos mientras nos tocábamos,
derramando las copas sobre la cama,
esparciendo polvos blancos entre nuestras piernas,
esnifando de nuestros orgasmos,
derritiendo el tiempo como se derriten hielos,
bebiendo nuestras ganas de la botella a gañote.

Simples adictos del amor sin firma,
de boda sin testigos, pero con convite.

Lo nuestro fue un flechazo directo al tendón de Aquiles,
ahora soy Troya,
ardiendo dentro del caballo mientras lo haces galopar por
Esparta.

Vuelan nuestras ropas,
de garito en garito,
olvidando que el amor sigue vestido,
y nuestros labios vírgenes.

She's a rainbow

Si en el amor y en la guerra todo vale,
¿por qué mis pensamientos no te arrastraron hasta mí?

Creí perderte en una noche de primavera,
alergia en los ojos,
cal en el corazón.

Salí corriendo en tu búsqueda hasta topar con un semáforo en
rojo.

Apenas podía ver,
la lluvia contragolpeaba mi rostro.

La jugada parecía fuera de juego, maldito "Var".

Pude verte,
en ese paso de cebra,
echando a volar la rosa que te regalé,
dejando tus pasos sobre el alquitrán de la carretera.

Salté por encima de los coches,
arriesgué una vida, que sin ti, no hubiera tenido sentido...

Te abracé por detrás,
y sorprendida, te giraste...

Mirándonos fijamente a los ojos pudimos comprobar cómo el
arcoíris se reflejaba en nuestra mirada,
junto a un beso sabor ron con pasas.

Volvimos a caminar de la mano,
y la rosa fue suavemente cayendo hasta el jardín del centro
comercial, arraigándose en la tierra.

Crecía y escupía belleza a la par que nuestro amor,
que no paraba de cruzar semáforos en verde,
y estaciones sin despedidas...

Hueles a sábado

Sí.
Eres
Esa
Rosa
Que
Daña,
pero me gusta sangrar mientras me besas,
dejando húmeda la almohada.
La noche huele a sexo.

Ven,
rompe mis ropas y dime a qué saben,
esas caricias vertidas que crecerán hasta ser árboles...
Tus hojas invitan a este baile.

Ahora,
que navego entre tus mares,
quisiera ahogarme,
no manden salvavidas a no ser que me arrepienta,
es festivo y nuestros cuerpos lo saben.

Suenan las campanas del pueblo,
esta noche quedará grabada,
aún queda cinta para rato...

Huele a domingo,
hueles a sábado,
y mi cuerpo harto de lunes pide, que desnuda, vengas a mí,
para sentir cuán frías están las campanas...

Me encanta bailar entre las llamas,
el fuego de tu cuerpo,
el infierno de "entre tus piernas"...

La bombonera

Sabes que te amo como a ninguna,
pero te haría el amor como a cualquiera,
la noche hipnotiza mis pasos,
y hacen perderme entre grados de temperatura,
grados de alcohol.

No distingo entre un lunes o un 14 de febrero,
las flores que te mandara siempre llegarían secas,
preferiría regalarte un salvavidas para que no te ahogaras en tu
propio mar de lágrimas.

No soy hombre de un solo bar, ni de una sola mujer.

Tantas palabras "paella", y tanto arroz que se nos pasa, a ver,
dime ahora qué podemos hacer con este risotto de
circunstancias...

Siempre dudabas en si desnudarte, en cambio,
yo ya venía desnudo de casa de la vecina...

Las sábanas manchadas confesaron muy poco, pero una caricia...
partiría el alma en tres, no comprendo el amor de pares y pocos
nones.

Nos hipotecamos hasta los huesos,
incluso nos regalamos una estrella,
de esas que le pones un nombre
y a los nueve meses hay que azotarla para que llore,
haciéndonos llorar a nosotros también.

Soy una canción que va de boca en boca,
un tango que va de cuerpo en cuerpo,
en Argentina,
enloqueciendo a la Bombonera,
gritando al ritmo de Maradona.

Aquí me despido.

Espero que para la próxima sepas elegir bien,
y no a un vulgar carente de sentimientos.

Aún te queda algo de perfume en el frasco de Amor.

Humanidad^{-2}

Camino entre cristales,
levito entre aires contaminantes,
la naturaleza se desvanece como sudor en la frente.

Carátulas falsas,
videos íntimos rulando entre pajilleros,
camas de dos caras: polvo a la noche,
retirada de sábanas manchadas a la mañana.

Ya nada queda virgen, ya nada complace,
en este mundo de muchas "materias" pero de pocas "primas".

Ponemos en silencio el móvil y a la risa en el cine por temor a
molestar, pero reímos de todo aquel que mete la pata o tropieza.

Lluvia de estrellas,
polvos que envenenan,
problemas de camino al banco,
y éste sólo ve núm€ro$.

Crisis de valores,
nos hipotecamos tanto que traficamos hasta con nuestros órganos,
acuchillando al tiempo,
viendo desangrar a muchos mientras cosemos nuestras propias
heridas...

Al amor le falta silencio,
le falta una hache...
Amhor

El mayor sacrificio del ser humano es aguantarse a sí mismo...
y muchos fracasaron, de ahí las vías del tren...

Hace tiempo que dejé de creer en el altruismo.
Ayudamos por tal de sentirnos mejor con nosotros mismos,
no por complacer al prójimo...

¿Si aún creo en el ser humano? Indudablemente no,
no creo en nada que no puedan ver mis ojos,
y hoy por hoy, no veo humanidad en la humanidad,
humanidad[2]

Cortocircuito

Hoy allana los campos la tormenta,
incendia con ira las cosechas de trigo,
las ventanas golpean fuertemente,
y caen sobre mí pedacitos de un techo llamado Conciencia.

Malditos caminos que se cruzaron,
hoy no probaré bocado alguno,
me encuentro lleno del ayer.

Ayunaré esos sentimientos
que sólo provocarán en mí la sed,
harto de tanta bula emocional.

Invito a la noche a cenar.
La lámpara estalla,
provocando en ambos un cortocircuito.

Será que después de la tormenta no nos llega la calma...

De qué sirve tanto orgullo si el mañana llega demasiado deprisa...

De qué tanta maldad si los días no son para contarlos,
sino para vivirlos...

Llegará un nuevo amanecer.
Intentaré estar arropado y de no tener las luces encendidas,
no sea que vuelva a acarrear un nuevo cortocircuito...
y no tengo toma de tierra.

Aquel anciano

Calculé mal la caída,
pensé que sus besos harían de amortiguadores,
pero ni el reflejo de su pelo en el retrovisor del coche
fue síntoma de buen presagio.

Hablo de tiempos remotos,
donde ni el dinero ni la escasez de tiempo jugaban a estas cartas,
donde la pintura no lograra manchar estas ropas,
ni ese cuadro fuera un estorbo.

Aquel anciano, como es el tiempo, dejó al descubierto su vientre,
dejando a las mariposas libres por el cortijo,
olvidando que todos somos presas,
por muy alto que volemos.

La caída sobrevolaba la hacienda,
y ante tantos naranjos la amargura sonó tentadora,
dejaría en mí una mermelada tan amarga como el jengibre.

Lo bello de caer es limpiarse las botas para volver a caminar de
nuevo, pues qué sería de un buen andante sin pasos de los que
presumir, sin caídas que contar...

Por cada tropiezo, una enseñanza.

Arcoíris en una cajetilla

Nos debemos un respiro,
nos debemos una tacita de aire fresco,
con un par de hielos.

Vuelven tormentas al porche,
vuelvo a sentir desconectar la parabólica,
guardé en un táper algo de energía,
pero caducó en un despiste...

Soy suelo mojado para un gimnasta,
una yegua enrabietada por ver cómo saltan a su potro,
la coleta que con el viento aprendió a soltarse de la gomilla...

Aún recuerdo esos días de madrugadas largas y de paseos cortos,
atendiendo a una pizarra que decía muy poco comparado con la
fuente del patio, su sonido era embriagador.

Tanta lluvia y tanto sol para dejar el arcoíris preso en una
cajetilla. Plastidecor le llaman...

Mañana seré de nuevo abril

No puedo evitar desangrarme,
tu cuerpo fluye como agua por el desagüe,
tus ganas son ya lluvia de agosto.

Te veo (ni en fotos)

Te escribo (sin teclado)

Espejismo de una realidad caduca.
Ahora somos café en la madrugada...

Tanto amor por dar que rebosó,
un vaso que apenas contenía aguas...

Pedacitos de mí, esparcidos por el suelo.

Pedacitos de ti, que no encajaron nunca en el puzle.

La noche nos robó lo prometido,
tu lunar cambió de ubicación
y mis besos ya no saben hacia dónde apuntar.

Seré esa estrella que no alumbre,
no quisiera agarrar su cuerpo mientras yace la luz...

De enero a diciembre siempre existió una excusa...
Ahora me llaman Dolor.

Prisas de escaleras empinadas,
nervios recargando vatios en una discusión de pareja...

Seré la mar como seré su llanto,
disfrazando a la luna del color de una amapola,
rociaré sus pétalos...

Mañana seré de nuevo abril.

Marcapáginas

Se perdieron las palomas que iban hasta tu ventana,
los cigarrillos fueron doblegados por simples palitos de regaliz.

Ya no cocino para dos,
ni conservo postres en la nevera,
engordo por placer.

Ya no llueve para mojarnos, sino para jodernos,
ni siquiera el cielo brilla ya como antes.

He mandado llevar el sofá,
las sillas servirán de combustible para la chimenea.

No existen huecos en la casa,
todo se encuentra enseguida,
ya no se retrasan los trenes...

Dejé de pintar desnudos,
ahora me centro en paisajes donde perdíamos horas muertas,
descubriendo atajos que daban hasta nuestros cuerpos...

Los partidos me saben a cerveza sin alcohol.
Hago dieta en el cine, las películas son sin azúcar,
los cafés sin anuncios, los besos llevan gluten,
no soy apto para novatas...

Los parques permanecen cerrados
y los puentes abiertos de par en par.

La soledad llama dos veces a la puerta, el cartero una.

Un naufragio sin conocer la tormenta,
una calada para un ex fumador,
una golosina para un diabético...

Las memorias de un desamor son el principio de otra bonita
historia...

Por eso nunca dejo el marcapáginas puesto al terminar un libro...

Notas de un piano

Acaricia las notas del piano,
cae el gotelé de las paredes,
las plantas se quedan secas,
la lluvia no amaina.

Rueda la música por la habitación,
se paraliza el bullicio en la calle,
los edificios hacen grandes olas,
se provoca una erección en la torre de Pisa,
ahora rige recta hasta el monte donde habita una tal Venus.

Cae ácido en forma de lluvia, agujerea ropas.

Aquel vaso de agua es un perfecto iceberg para expropiar otro
Titanic.

Pasos como martillos,
portazos como cuchilladas,
la brisa que recorre el pasillo se lleva consigo aquella vida
que daba forma a las notas del piano.

Grandes lagos rojos se acumulan en las imperfecciones del suelo
hecho mármol, se inaugura la piscina en época de invierno.

La música quedó huérfana,
y de la mano llevó consigo conciertos donde bailaba la muerte,
el cajón de la mesita de noche contenía una rosa oscura,
quizás fuera el único adorno vigía en la alcoba.

Ahora,
rodeado de montes y algunas prosas vacías,
acude al cielo para asegurarse
de que todo sigue en su sitio,
el pañuelo de cada noche
se agitaba con el viento…

La música sin su músico,
la escoba sin su amado recogedor,
y una melodía en forma de despedida,
dejaron presentes que,
como el amor,
seguirá siendo infinita,
pues sin música careceríamos de cordura en cada amanecer,
en cada madrugada.

Amores de primavera

Creo olvidarte como olvidé las llaves en casa,
la melodía de tu cuerpo va anocheciendo,
ahora las mañanas son pura poesía.

El rocío se tiñe de niebla,
las escaleras rugen con sus pasos,
y los pasamanos caen por la zanja del miedo,
puedo escuchar aquella mecedora dar las buenas noches.

Suena la típica música de fondo,
el crujir de sus huesos ahonda hasta los tímpanos,
las bombillas estallan una por una,
a mi "corazó" le falta su ansiada "n"
y late multiplicándose por diez mil,
apenas cabe ya más terror en el desván...

Sale una sombra de su escondrijo,
rebosa en sangre y una guadaña adorna su apretada mano.

Desborda ira, ego, ansiedad...

Salgo a correr hacia cualquier puerta,
cualquier destino sería idóneo siempre y cuando no estuviera
aquella criatura ruin y miserable.

Las luciérnagas me susurraron un escondite,
rodeado de babosas y alguna que otra rama desnuda.
El otoño se apoderó de lo prohibido,
de la naturaleza se encargó el joven frío que acontecía.

Demasiadas horas mendigando agua en la barra del bar,
rebosándose la cal por los bordes del vaso,
dejando rugir a un tigre albino moribundo...

Ahí estabas,
tan fría, tan insegura...

Maquillé tu rostro de besos,
dejándote cierto cosquilleo con el juglar de mi barba...

Ahora sonríes,
ya se nos ha pasado el miedo,
volvemos a amarnos,
y las escaleras nos acompañan hasta el dormitorio.

Le cuento las pecas, beso su nariz chata,
acaricio las marcas del bikini en sus pechos,
le cuento un cuento mientras se abre de piernas...

Nos abandona la luz, penetro a la oscuridad,
presumirás de gemidos con tus amigas...
Las horas parecen ser multiorgásmicas.

Sudamos,
empapamos las aguas de fuego,
jugamos a perdernos estando cerca el uno del otro.

El amor vuelve a gobernar en esta Anarquía creada por nosotros.

Te sentaste sobre mi muslo,
agitabas suavemente el mundo, la pasión...

Tan juguetona, saboreando la acidez del gajo de limón,
dejando correr las lágrimas del helado derretido por el cucurucho,
y desbordada, dejas el chocolate justo para el final,
te gusta empaparte los labios de azúcar...
Tan dulce como un palo de nata... me preguntas:
-¿Has acabado ya?
-Sí, hemos acabado.

Y al amanecer, volvimos a sentir miedo,
pues ninguno de los dos permanecía ya en la cama.

Será que llegó el invierno,
y el calor abandonó un amor de primavera...

Bendito silencio

Seré agua que cae,
charcas que vuelan,
aves okupas en nidos ajenos,
una tal "Celeste" de ojos verdes...

Botellas que sobreviven un fin de año,
melancolía con forma de pastilla,
carátulas sin cintas,
pues el video de la vida contiene demasiados anuncios...

Silencio. Bendito silencio.

Acordaré con Dios ocho vidas,
malgastaré siete en el pecado
y me dejaré una última oportunidad por si acaso...

Arderé antes que nadie, mañana madrugaré para ir al cielo...

Un maradoniano gritando gol,
recorriendo toda la banda entera para esnifar cal,
absorberé todos los pecados sabiendo que la vida es bella...

Curvas acariciando cuerpos...

Silencio. Bendito silencio.

El lenguaje de los dioses:
hacer grandes cosas sin alborotar al silencio...
El camino debe ser mudo, y tus ansias por llegar,
eternas.

Silencio, por favor.

Un ovni merodeando por casa

Se acercó hasta la canasta que adornaba mi rostro y,
cuidadosamente, introdujo su manzana,
la más dulce que jamás hubiera probado...

Hicimos eso que hacen llamar amor y,
acurrucados entre las mantas, sábanas, pies fríos, uñas largas,
pelos sin depilar... comprobamos que la magia no estaba en
detalles insignificantes, sino en nuestras almas,
esas que se besaban apasionadamente mientras el corazón jugaba
al golf con nuestros sentimientos...

Nadie me enseñó a amar como vos,
mi pequeña bárbara sin espada,
sin escudo, sin camello.

Nos abrimos al día como un arcoíris,
despejamos la lluvia,
y asediamos al sol con centenares de besos...

Solíamos desayunar en el bar que está enfrente de la parada
para contar cuántos autobuses dejábamos pasar de largo por tal
de seguir besándonos, y es que tus besos huelen a jazmín nada más
salir al porche.

Píntame la cara del color de tus labios,
yo dejaré caer nubes sobre tu pecho,
y cuando salga el sol, vivaracho,
rociaremos la salsa de nuestros cuerpos entre las carnes del
pecado.

Soy tan pecador que me negaron el cielo mil veces,
pero me prenderé en el averno de tus pasiones,
de tus palabras, de tus chillidos de niña mala y curiosa.

Hágase la luz... y la luz se hizo,
saboreándome bajo la mesa,
haciendo volar papeles, desbarajustando la silla,
haciendo saltar tornillos de Dios sabe dónde...

Cruda realidad.
El jodido entrecot de la vida...

Los sueños, sueños son...

Parecía más probable ver un ovni que volverte a ver...
Y así fue... un ovni merodeando por casa...

Velas

Una vela, acariciándonos.

Dos velas, navegando entre fuegos y oleadas de cardio.
Anclados al placer.

Tres velas. Una por beso.
Nos faltaron velas...

Cuatro velas. Cuatro letras: A M O R

Deja el grifo abierto,
desperdiciaremos litros y litros de sonrisas.

Si la fe moviera montañas,
ya hubiera movido todo un planeta entero por ti.

Una sonrisa al viento,
unos labios rajados de tanto morderlos.

Una ducha de agua tibia entre rocas de incertidumbre,
la marea siempre traerá consigo toneladas de conchas envueltas
en secretos.

Fueron tiempos difíciles,
acarrear tu cuerpo hasta mi pensamiento trajo dolor de espalda,
y alguna migraña camuflada del color de tu ropa interior.

Hoy, seré marinero,
desembarcaré hasta tu cuerpo.

Necesito esos dos diamantes verdes adornando tu rostro.

Piel morena y brillante.
Será la playa la que te dibujó...
Bonita sonrisa. Bonitos lápices dorados.

Arena, tu piel vestida de arena.
Agua trepando entre bosques frondosos,
y una rama de un árbol directa a la cascada....

La bigotillos

Pequeña luz que alumbra mis noches,
pequeño cielo que da cobijo a este desastre,
pequeña corriente de un tal agosto,
pequeña paz en un mundo de batallas.

Eres tú,
incondicional,
esperando a ser mimada,
pendiente de mis movimientos,
creciendo día a día bajo mis alas.

Recuerdo aún tu primer sorbo al bebedero,
tu primera carrera en las alturas,
la azotea fueron tus comienzos,
y el césped será tu presente.

Bella,
como mañanas de domingo.
Me despiertas sonriendo,
provocando en mí fantasías pasadas.

Hiciste renacer mi pasado más bello,
como bellos son tus bigotillos al sol,
esperando a que aquella esfera verdosa hiciera sombra en tus
patitas.

Naciste de mis deseos,
crecí de tus ilusiones,
cómo no amarte si antes de venir al mundo ya te amaba,
cómo no hacer sentirte especial si provocas en mí la primavera...

Te llevaba en brazos envuelta en una manta,
ahora te llevo a mi lado,
donde nacen verdes prados,
donde la tarde caerá como cortinas de un teatro,
donde un niño llorará tras perder su juguete,
donde la tierra impedirá crecer cactus,
donde las barcas se perderán después de un fuerte oleaje.

Cae la noche, y
el sueño se apodera de sus pestañas.

Siempre madrugadora,
aunque no tanto en tardes de siesta.

Reina la felicidad en esta República que creamos,
sin coronas ni flor y nata,
más bien nata con fresas.

Soy de pocas palabras

Ay amor, amor, amor.
Máximo exponente deslizándose entre sus ojos,
una manada de llanto desintegrándose en el averno.

Quisiera que esta noche no fuera arena entre cristal,
mi albornoz le pertenece a ella después de la ducha,
son sanas costumbres que hacen hombre a un hombre,
acostumbrado a recortarme la perilla en forma de "G"
para no darle más que placer en el punto…

Diluvio de besos en la noche,
asimilé así a no llevar nunca paraguas,
a no ser que practiquemos la lluvia sobre los muelles,
aquellos que son algo más silenciosos que nosotros.

Tu cuerpo,
una dama de noche.

Mi cuerpo,
la corriente que empujará la ventana hasta cerrarla.

Me sabes mejor salada,
adicto a caer siempre en el hueco habitable entre tus piernas…

En este juego seré la bola negra…
tú serás la blanca…
dejando gránulos esparcidos por el cristal…
Eres mi droga más dura…

Seremos una fiesta sin fotógrafos,
una mesa con Ferrero Rocher,
una mirada clandestina gozando sin dictaduras.

Nos adentraremos hasta la torre que marca la plaza...
Hoy sí, amor. Hoy sí lloverá hasta el amanecer.

Me gustas cuando sonríes,
me gusto cuando te veo sonreír,
y es que la crema que se deslizará por tu cuerpo será la melodía
que hará resonar en tu aliento.

Labios dejándose llevar por el pecado...

Llevaba razón tu madre,
soy muy mal ejemplo para ti,
pero bastante bueno para ella.

Llevas mis tatuajes marcados en la barra de labios,
la esencia de tu mirar hará volar a este potro desbocado...

Serás la luz que alumbre la habitación...
Aunque sabes que me gusta más a oscuras...
Así poder esconder tus ropas,
encontrar las mías para despojarme de nuevo de ellas...

Quiero volver a probar tu aliento,
y en este momento,
ambos sobramos.

Que hablen nuestras almas.
Somos de pocas palabras,
Amor.

Hervir una sopa

*Cómo se escribe la palabra mundo si está escrita al revés de cómo
se debería.*

*Cómo se le explica a un niño que corra, que juegue,
si los parques están en obras,
y manchan los pantalones del blancor de sus lágrimas.*

*Cómo abrir esta caja sorpresa si tengo miedo,
si puedo ver elefantes sobrevolar el porche
y alguna que otra hormiga arañando la cara de una golondrina
recién salida del huevo.*

*Tu luz se evaporó junto a la charca.
Maldito ladrón de guante rosa.*

*Cómo hacerle el amor a una mujer si ya lo hizo cien mil veces,
soy una simple piedra de hormigón que apenas hace bonito,
entre paredes con ánimo de lucro del gran Imperio Romano.*

*Cabalgo en caballo sin cabeza,
todo huele a jazmín,
será el humo de aquel cigarrillo el que me sobresalte,
o la punzada de un toro que, como todos,
escaparon del encierro de San Fermín.*

*Recorro tus entrañas como ratas en la peste,
Edad Media.*

*Soy luciérnaga que olvidó brillar,
pues sus ojos brillan tanto como luceros depositados en la mar.*

Triste canción merodeando por las ingles de una muchacha que
toma algo de piernas cruzadas. Carece de ropa interior,
carece de alguien que penetre su mirada, su voz.

Una bandera extrañada junto a la otra,
no saben qué significan,
ni de dónde vienen...
Son tesoros olvidados en barcos olvidados,
una tenue luz susurrando al final de un túnel.

Ahora, que encuentro el lápiz,
escribiré todas esas palabras olvidadas sobre la encimera,
manchadas de amor, de artes culinarias,
de proteger al flan del hambre,
de entregarlo al frío habitable de la nevera,
pues este verano promete.

Esos maravillosos años en los que no íbamos vestidos con tantas
capas absurdas, sino por una desnudez sencilla, humilde, elegante,
que hiciera el amor al hervir la sopa...

Guerrillera de guerrillas

Al otro lado de la frontera supe que la guerra me esperaba,
pero no hablo de armas ni de bombas, hablo de ella.

Un soldado invicto en Vietnam arrodillado ante unos ojos verdes,
una piel tan morena como el traje del adversario.

Supe que tarde o temprano sacudiría el suelo,
pero el pinchazo que siento en el lado izquierdo pareciera volverse
del bando contrario, y nunca supe escribir con la derecha...

Disparo, pero las balas caen como hojas amarillentas en azufre.

Ella saluda tranquila,
como si la guerra nunca fuera a terminar...

Caen varios compañeros,
el fuego comienza a expandirse en el bando aliado...
Si supieran que llevo años ardiendo por dentro casi tanto como
ellos...

La paz nunca fue conmigo,
pero esos momentos en los que nos abrazábamos
pareciera haber hecho las paces con Dios,
y su pelo me envolvió entre nenúfares blancos.

La guerra tomó su fin,
y sus armas de mujer volvieron a dar caza,
de nuevo otra derrota, de nuevo sin pasaporte para tantas
fronteras...

Esparciendo pétalos de una rosa

A dónde vas, sombrero,
si apenas sopla el viento,
y resulta bello su caminar,
entre puentes por Sevilla,
su movimiento al sondear,
olas del ayer, mareas del mañana...
La terminarán llamando Triana.

Distancia lejana desde la ventana hasta su cama,
seré el mayor secreto a voces,
y la calma después del crujir de un grillo.

Bella,
como poesía de Alberti al abrir la mañana al compás
de una rosa moribunda, junto a sus ojos bañados en plata
y su lunar de azabache.

Seré la brisa jamás revelada,
pues mis versos son el mayor secreto jamás acontecido,
y su cuerpo... puro veneno danzando entre las ramas de mi ser,
enraizando falsas esperanzas.

Donaré mi alma al primer diablo que encuentre en el camino,
pues mis senderos se encuentran a oscuras, y su luz es...
Carencias de mi existir.

Una botella para dos en una mesa elegante.
Brindaremos, mi sombra y yo.

Exigiré a la luna reencarnarme en ella para ver su desnudez
atravesar la ventana, en cada amanecer.

Ser o no ser, su rostro reflejado,
al besar o no, el duro frío del cristal.

Se suicidan mis ganas en cada gota que rebosa su cuerpo,
pues su caminar siempre va topando con mis sueños,
y el cielo, estará repleto de angelillos lujuriosos en deseo
y demonios danzando entre sus piernas,
querida piel marcada en lunar por mi recuerdo.

Rosa que navega entre las olas de unas manos descuidadas,
sentimientos marchitos como estrofa al corazón.
Pedías tanto amor que nadie te fue suficiente,
ahora tus ropas se descoloran con tanta sal en las mejillas.

Media vida llevando el ánfora repleta de sentimientos,
ahora tan sólo veo caminos de agua a la vuelta a casa.

Rosa traviesa que cae de mano en mano,
tan arisca como puñales acariciando espaldas,
en una noche de invierno sigilosa en lluvia,
recuerdo como hacía el amor en plena guerra de conciencia,
año III después de ti.

Besos desgarrando manos pasajeras,
rosa silbante amante de la ruina,
fotos en blanco y negro que quisieron ser rojas,
como la rosa entre tus piernas desgarrando pétalos.

Me gustaba desangrarme entre tu sexo,
ahora soy una manzana cualquiera,
allá por Chernóbil.

Un cielo tan azul como la brisa que resecaba sus ojos,
tan amargo como la mancha de tabaco en sus labios y,
tan peligroso como la marea que llevaba consigo en su fruto
prohibido con piel.

La hacían llamar Olvido,
y siempre terminaba arruinada por las calles de Triana.

Colonizando Persia

Son las tres de la mañana en tu cuerpo,
sin moros en la costa,
tan sólo caricias del mediodía caducadas,
pero me valdrán de postre para mañana.

Siento el tic tac en mi pecho, apenas puedo respirar,
pero el impulso que me das anhela este invierno,
seré lluvia para mojar tu agosto.

Volviste locos los parámetros del tiempo,
ahora soy Gladiador, y mi arma roza las arenas de tu cuerpo...

Sangre que recorre mi frente,
tobogán entre tus senos... Julio César en plena revuelta,
seré esa águila bañada en oro al conquistar tu cuerpo.

Amanece.
Respiro, me convenzo para no creer más en mis sueños.

Rozo la locura pensándote, pero sé que no estás.

Cambio de posición en la cama, pero sin "misionero"
no hay ciencia que apadrinar, ni fruta que comer.

Bailo en mi corazón, pero la pista resbala... ahora soy Pálpitos,
ahora soy Ansiedad.

Enciendo un cigarrillo, y ofrezco mi cuerpo a la muerte,
soy tempestad, y tus pasos, arenas movedizas.

Resurjo, pero ya es tarde.

Puedo contemplar palomas despendoladas, y algún que otro
gorrión robando mi pan.

Soy ladrón que perdió un dedo para encontrarlo, sin anillo.

El oro pesa más que la conciencia,
y tu cuerpo… son diez mil elefantes colonizando Persia.

Amargura, de segundo plato

Me fui alejando de sus besos,
no encuentro su cuerpo,
y las ganas decrecen como olas en el Pacífico.

Se consume entre mis dedos, la paciencia.

Adictiva nicotina la de sus ojos.

Tan transparente como medusas solitarias,
tan atractiva como ninfas absorbiendo néctares.
El zumo de la vida debe ser con vitamina C.
C, de Corazón.

El deseo por hacerle el amor se aviva como fuego en París.
Cómo se atreve arder Notre Damme sin nuestros cuerpos,
cómo crujen sus maderas sin nuestros huesos,
cómo guillotinan a Luis XVI en plena Revolución Francesa...

Bella, como claveles bañándose en agua,
derritiéndose el iceberg ante el Titanic de su cuerpo...

Mesa para tres.
Nosotros dos, y la duda de saber si nos amamos o no.
Incertidumbre.
Desasosiego.

Te desvestía emocionalmente,
mientras acaparabas toda la atención del brindis,
ahora somos terciopelo de metal,
tan ariscos como gatos sin siesta.

Tan distantes como ambos polos, de fresa y de limón...

Tan fríos como la Antártida. Alaska en tu mirar,
Sevilla en mi corazón, semillas que ya no germinarán...
Amargura, como segundo plato.

Adiós, adiós, adiós, adiós

Cae el Imperio de mis manos,
la noche huele a frío,
mi alma escapa de la nada,
los muros se estampan contra el suelo,
y anhelo la lluvia en septiembre.

Perdió la loba a Rómulo entre las corrientes del río Tíber,
una viuda recoge la cesta vacía,
aquel niño vagará sin destino,
tengo el corazón marchito y la rosa latiendo a mil por hora.

Ya no podré respirar la suerte gélida,
ya no soportarán más peso mis manos,
hojas van mostrando caminos,
el cielo es bello pintado de rosa...

Malcriado por el tiempo,
bendecido por algún ángel negro que sólo quería amargar la
comida recién de un lobo,
la luna escupe lluvia,
sangre tiñendo camisas amantes de la lejía...

Ya no quedan acueductos del Imperio Romano,
apenas firman libros los filósofos de la Grecia Clásica,
Homero está muriendo en el sofá, y mi alma,
va atravesando etapas,
etapas de un ayer futuro y de un mañana pasado.

Sangre por todos lados,
menos en el interior de su cuerpo.
Van pudriendo billetes en el bolsillo,
un corazón violado a sangre fría en alguna esquina de la sevillana
Sevilla.

Esa gitana atrae a la mala suerte con cada romero ofrecido,
en cada mirada, en cada plaza, palomas al viento,
cáscaras de altramuces renaciendo en las suelas…

Fui un adiós eterno,
una virgen escondiendo su mayor secreto,
un embarazo de algún cura perverso,
o una estaca manchada de miel abejas de mi existir,
de azahar en azahar, de corazón en corazón…

Adiós, querido rosario gastado.

Adiós, maldita Gota Fría.

Adiós, querida traición vestida de traje y corbata.

Adiós, señora vecina de muchos gatos y pocos besos.

Años buscando el sentido de la vida
y encontrarlo reflejado en el espejo de todos los días…
*Era mi **sonrisa**.*

Seguidme en las Redes Sociales,
suelo subir contenido a diario.

 *@juan_miguel_pv*

 *Juan Miguel Peña Vázquez*

 @JuanMiguel1989A

 Jmpv19899@gmail.com

Os animo a leer otros títulos de mi colección

Un trece de abril, publicado en 2018

Girasol Rebelde, publicado en 2020

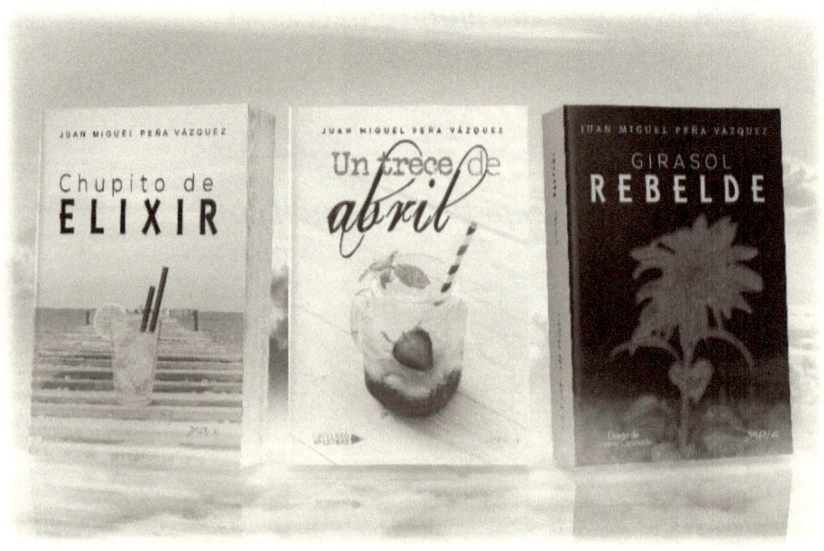

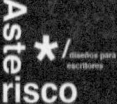

El índice, querido lector:

Que empiece el partido............................ 11

Amor al cuadrado................................. 13

Amor al cubo.................................... 14

Ajos murmurando entre la garganta.............. 16

Matemáticos de letras........................... 17

Nuestra quiebra de Wall Street................... 18

Granaína de mis ojos............................ 20

Hotel (sin California)............................ 22

Alfarera.. 23

Fría, tal vez de Islandia.......................... 24

Runrún de una fuente............................ 25

Nuestra esencia................................. 27

Ana.. 28

Que roben...................................... 30

Réquiem.. 32

Habitación ordenada............................. 34

A, de amor..................................... 35

Hollywood...................................... 36

El Cádiz de tu cuerpo............................ 37

De sastre por la vida............................. 38

Alejandro Magno................................ 39

Griegos y romanos.............................. 40

Piano.. 41

Desde Andalucía hasta Argentina................. 43

Dos aves sobrevolando Roma..................... 46

La vida... 47

Alma intranquila................................ 48

Violonchelos, y un violín........................ 50

Violeta... 52

Amarga.. 54

Cornisa del tiempo.............................. 55

Amor de amapolas... 56
Amor imposible.. 58
Amores de cenicero...................................... 61
Anillos... 62
Apátrida... 64
Bonita palabra... 65
Cerca del olvido... 66
Cuando... 68
DAG... 71
Dátiles..74
Diversidad de amores.................................... 75
Dos amores adolescentes................................. 77
Ella.. 79
En mitad del campo....................................... 81
Ginebra, y un par de hielos............................... 82
Labios de una ninfa....................................... 84
Las mil y una noches..................................... 85
Lunes y viernes.. 86
Melómanos del amor...................................... 87
Niña... 88
Notas sobre el piano...................................... 89
Nicaragüita.. 90
Nuestra noche anterior.................................... 91
Píldora del día después................................... 92
Otros tiempos.. 94
Papeleos de banco.. 95
Senos de luz... 96
Seis de enero.. 97
Señora... 99
Serás siempre mi mejor despedida......................... 102
Si nos echan de más...................................... 105
Sombras, y ropas de noviembre........................... 107
Sonidos de la naturaleza, Al-Ándalus..................... 109
Soy del sur.. 111

Caos.. 113
Todo cambia...................................... 115
Tú, mi amanecer................................. 117
Ulises.. 119
Un pastel hasta mi boca........................ 121
Veneno.. 123
De bodas.. 125
Adictos al matrimonio.......................... 126
Que sueñe la luna sin mí, hoy................. 128
Melómana de mis cantares...................... 130
Pensarnos libres................................. 131
Amores sin destilar.............................. 132
She's a rainbow.................................. 133
Hueles a sábado.................................. 135
La bombonera..................................... 137
Humanidad^{-2} 139
Cortocircuito..................................... 141
Aquel anciano.................................... 142
Arcoíris en una cajetilla........................ 143
Mañana seré de nuevo abril.................... 144
Marcapáginas..................................... 146
Notas de un piano............................... 148
Amores de primavera............................ 150
Bendito silencio.................................. 153
Un ovni merodeando por casa.................. 154
Velas.. 156
La bigotillos...................................... 158
Soy de pocas palabras.......................... 160
Hervir una sopa.................................. 162
Guerrillera de guerrillas........................ 164
Esparciendo pétalos de una rosa............... 165
Colonizando Persia.............................. 168
Amargura, de segundo plato.................... 170
Adiós, adiós, adiós, adiós...................... 172

www.ingramcontent.com/pod-product-compliance
Lightning Source LLC
Chambersburg PA
CBHW030629220526
45463CB00004B/1461